कुछ कविताएँ
व
कुछ और कविताएँ

कुछ कविताएँ
व
कुछ और कविताएँ

शमशेर बहादुर सिंह

राधाकृष्ण प्रकाशन

ISBN : 978-93-48157-18-8

कुछ कविताएँ व कुछ और कविताएँ

दोनों संग्रहों के दूसरे संस्करण
एक जिल्द में पहली बार : 1984
तीसरा संस्करण : 2004
This book is printed on **Print on Demand** Technology : 2024
मूल्य : ₹695

प्रकाशक
राधाकृष्ण प्रकाशन प्राइवेट लिमिटेड
जी-17, जगतपुरी, दिल्ली-110 051
शाखाएँ : अशोक राजपथ, साइंस कॉलेज के सामने, पटना-800 006
पहली मंजिल, दरबारी बिल्डिंग, महात्मा गांधी मार्ग, प्रयागराज-211 001
1, अनमोल सोराबजी संतुक लेन, धोबी तलाव, मरीन लाइंस, मुम्बई-400 002
वेबसाइट : www.radhakrishnaprakashan.com
ई-मेल : info@radhakrishnaprakashan.com

KUCHHA KAVITAYEN VA KUCHHA AUR KAVITAYEN
Poems by Shamsher Bahadur

दोनों ही संग्रहों के दूसरे संस्करण पर निवेदन

कुछ कविताएँ और **कुछ और कविताएं** दोनों ही संग्रह मुद्दत से अप्राप्य थे। अब इन्हें एक साथ प्रकाशित किया जा रहा है। ज्यों का त्यों। इधर कुछ वर्षों से आधुनिक काव्य के पाठकों और आलोचकों ने मेरे कवि के प्रति जिस उदार भावना का परिचय दिया है उसी से प्रेरित होकर मैं दोनों संकलनों को दुबारा प्रकाशित करा कहा हूँ। मैं पाठकों और आलोचकों का बहुत कृतज्ञ हूँ।

इस अवसर पर मैं भाई जगत शंखधर और स्व०.श्री ओंप्रकाश जी को भी याद किये बिना नहीं रह सकता, जिनके उत्साह ने इन कविताओं का प्रकाशन पहले-पहल संभव बनाया। प्रस्तुत प्रकाशक श्री अरविन्द कुमार का उत्साह भी स्तरीय साहित्य के प्रकाशन में अपने पिताश्री से कम नहीं है। वह चिरायु हों।—इति शुभम्

उज्जैन **—शमशेर बहादुर सिंह**

19-1-84

कुछ कविताएँ

कुछ कविताएँ

पहले संस्करण
का
नोट

जिन कवितओं पर रचना-काल नहीं है, वह प्राय: 56-'57-'58 की हैं; लगभग सभी इससे पूर्व अप्रकाशित। इनमें "चीन" सबसे हाल की है : इसको प्रस्तुत रूप में आते-आते चाहे डेढ़ साल लग गया हो, मगर सुधार-सँवार प्रेस में देते वक़्त भी चलता रहा : और यहाँ पर श्री जगत शंखधर की सुरुचि का संयोग बहुत उपयोगी सिद्ध हुआ। (बहरहाल, कहीं यह न समझ लिया जाय कि चीनी भाषा मुझे ज़रा भी आती है ! यह रौ दूसरी है।)

मेरे इस संग्रह के लिए कविताओं का चयन श्री जगत शंखधर ने ही किया है।

एक कविता को सचित्र देना पड़ा। वास्तव में "घनी-भूत पीड़ा" को जिन रेखाओं के संकेत और सहारे से शब्द मिले, वे—मुझे आज वर्षों बाद भी लगता है कि—उसका अभिन्न अंग हैं।

"वह सलोना जिस्म" लिखते समय हज़रत फ़िराक़ गोरखपुरी के कलाम का कुछ असर, स्पष्ट ही, मेरे मन पर था।

संग्रह की अंतिम कविता गत नवम्बर ('58) में अज्ञेय जी के कुछ इधर के कविता-संग्रह पढ़ते समय अनायास ही लिख गयी।

1959 —शमशेर बहादुर सिंह

सूची

यह पहला संग्रह

सुहृद् समर्थ कवि नरेन्द्र को

for all it is worth

निराला के प्रति

भूल कर जब राह--जब जब राह...भटका मैं
तुम्हीं झलके, हे महाकवि,
सघन तम की आँख बन मेरे लिए,
अकल क्रोधित प्रकृति का विश्वास बन मेरे लिए—
जगत के उन्माद का
परिचय लिये,—
और आगत-प्राण का संचय लिये, झलके प्रमन तुम,
हे महाकवि ! सहजतम लघु एक जीवन में
अखिल का परिणय लिये—
प्राणमय संचार करते शक्ति औ' छवि के मिलन का हास मंगलमय;
मधुर आठों याम
विसुध खुलते
कंठस्वर से तुम्हारे, कवि,
एक—ऋतुओं के विहँसते सूर्य !
काल में (तम घोर)—

बरसाते प्रवाहित रस अथोर अथाह !
छू, किया करते
आधुनिकतम दाह मानव का
साधना स्वर से
शांत-शीतलतम ।

हाँ, तुम्ही हो, एक मेरे कवि :
जानता क्या मैं—
हृदय में भर कर तुम्हारी साँस —
किस तरह गाता,
(ओ विभूति परम्परा की !)
समझ भी पाता तुम्हें यदि मैं कि जितना चाहता हूँ,
महाकवि मेरे !

[1939

राग

मैंने शाम से पूछा—
या शाम ने मुझसे पूछा :
इन बातों का मतलब ?
मैंने कहा—
शाम ने मुझसे कहा :
राग अपना है।

2

आँखें मुँद गयीं।
सरलता का आकाश था
जैसे त्रिलोचन की रचनाएँ।
नींद ही इच्छाएँ।

3

मैंने उससे पूछा—
उसने मुझसे :
कब ?
मैंने कहा—

उसने मुझसे कहा :
समय अपना राग है।

4

तुमने 'धरती' का पद्य पढ़ा है ?
उसकी सहजता प्राण है।
तुमने अपनी यादों की पुस्तक खोली है ?
जब यादें मिटती हुई एकाएक स्पष्ट हो गयी हों ?
जब आँसू छलक न जाकर
आकाश का फूल बन गया हो ?
—वह मेरी कविताओं-सा मुझे लगेगा :
तब तुम मुझे क्या कहोगे ?

5

उसने मुझसे पूछा, तुम्हारी कविताओं का क्या मतलब है ?
मैंने कहा—कुछ नहीं।
उसने पूछा—फिर तुम इन्हें क्यों लिखते हो ?
मैंने कहा—ये लिख जाती हैं। तब
इनकी रक्षा कैसे हो जाती है ?
उसने क्यों यह प्रश्न किया ?

मैंने पूछा :
मेरी रक्षा कहाँ होती है ? मेरी साँस तो—
तुम्हारी कविताएँ हैं : उसने कहा। पर—

इन साँसों की रक्षा कैसे होती आई ?
वे साँसों में बँध गये; शायद ऐसे ही रक्षा
होती आई। फिर बहुत-से गीत
खो गये।

6

वह अनायास मेरा पद गुनगुनाता हुआ बैठा
रहा, और मैंने उसकी ओर
देखा, और मैं समझ गया।
और यह संग्रह उसी के हाथों में खो गया।

7

उसने मुझसे पूछा, इन शब्दों का क्या
मतलब है ? मैंने कहा : शब्द
कहाँ हैं ? वह मौन मेरी ओर
देखता चुप रहा। फिर मैंने
श्रम-पूर्वक बोलते हुए कहा—कि :
शाम हो गयी है। उसने मेरी
आँखों में देखा, और फिर—एकटक देखता
ही रहा। क्यों फिर उसने मेरा संग्रह
अपनी धुँधली गोद में खोला और
मुझसे कुछ भी पूछना भूल गया।
मुझको भी नहीं मालूम, कौन था
वह। केवल वह मुझे याद है।

8

तब छंदों के तार खिचे-खिचे थे,
राग बँधा-बँधा था,
प्यास उँगलियों में विकल थी—
कि मेघ गरजे ;
और मोर दूर और कई दिशाओं से
बोलने लगे—पीयूअ् ! पीयूअ् ! उनकी
हीरे-नीलम की गर्दनें बिजलियों की तरह
हरियाली के आगे चमक रही थीं।
कहीं छिपा हुआ बहता पानी
बोल रहा था : अपने स्पष्टमधुर
प्रवाहित बोल।

[1945

एक नीला आइना बेठोस

एक नीला आइना
        बेठोस-सी यह चाँदनी
और अन्दर चल रहा हूँ मैं
        उसी के महातल के मौन में।
मौन मैं इतिहास का
        कन किरन जीवित, एक, बस।

एक पल के ओट में है कुल जहान।

आत्मा है
अखिल की हठ-सी।

        चाँदनी में घुल गये हैं
        बहुत-से तारे   बहुत कुछ
        घुल गया हूँ मैं
        बहुत कुछ अब।
                रह गया सा एक सीधा बिंब
                चल रहा है जो
                शान्त इंगित-सा
                न जाने किधर।

पूर्णिमा का चाँद

चाँद निकला बादलों से पूर्णिमा का।
गल रहा है आसमान।
एक दरिया उमड़ कर पीले गुलाबों का
चूमता है बादलों के झिलमिलाते
स्वप्न जैसे पाँव।

उषा

प्रात नभ था बहुत नीला शंख जैसे

भोर का नभ

राख से लीपा हुआ चौका
[अभी गीला पड़ा है]

बहुत काली सिल ज़रा-से लाल केसर से
कि जैसे धुल गयी हो

स्लेट पर या लाल खड़िया चाक
मल दी हो किसी ने

नील जल में या किसी की
गौर झिलमिल देह
जैसे हिल रही हो।

और...
जादू टूटता है इस उषा का अब
सूर्योदय हो रहा है।

सुन के ऐसी ही सी एक बात

[हिन्दी साहित्यिकों में गुटबन्दी के एक घृणित रूप की प्रतिक्रिया]

क्या यही होगा जवाब एक कलाकार के पास
रक्खा जायगा क़लम जूती ओ पैज़ार के पास
क्या यही जोड़े हैं संस्कार के संस्कार के पास
यही संकेत है साहित्य के व्यापार के पास
सुनके ऐसी ही-सी इक बात......
कहूँ क्या, बस, अब।
दु:ख औ कष्ट से मैं सोच रहा था यह सब !

नये मानों की, नये शिल्प, नये चेतन की
नये युग-लोक में क्या अब यही व्याख्या होगी ?
जो कला कहती थी 'जय होगी तो होगी मेरी !'
आज अधरों प' है उसके ही य' बोली कैसी !!
इन बड़ों का नहीं साहित्य का सर झुकता है।
'अपने' पाठक के हैं ये—सोचते दम रुकता है !

देवताओ मेरे साहित्य के युग-युग के, सुनो :
साधनाओं की परम शक्तियो, इतना वर दो—
(अपने भक्तों की चरणधूलि जो समझो मुझको)
एक क्षण भी मेरा व्यय ऐसों की संगत में न हो !
एक वरदान यही दो जो हो दाया मुझपर :
स्वप्न में भी न पड़े ऐसों की छाया मुझपर !

लेकर सीधा नारा

लेकर सीधा नारा
कौन पुकारा
अंतिम आशाओं की संध्याओं से ?
पलकें डूबी ही-सी थीं --
पर अभी नहीं ;
कोई सुनता-सा था मुझे
कहीं ;
फिर किसने यह, सातों सागर के पार
एकाकीपन से ही, मानो— हार,
एकाकी उठ मुझे पुकारा
कई बार ?

मैं समाज तो नहीं ; न मैं कुल
जीवन ;
कण-समूह में हूँ मैं केवल
एक कण ।
—कौन सहारा !
मेरा कौन सहारा !

[1941

रेडियो पर एक योरपीय संगीत सुनकर

'अरुणा' और 'एम. ए. सिद्दीक़ी' को समर्पित

[यह संगीत यों तो योरपीय था, मगर जिस तरह इसका चित्र मेरी भावनाओं में उभरता गया, मुझे लगा कि जैसे किसी अरबी-रूमानी इतिहास के हीरो और हीरोइन अपने घुटते आवेश, मर्म से जलते उच्छ्वास और कभी दर्दनाक फ़रियादों के क्षण, कभी आँसुओं-भरे मौन को मूर्त कर रहे हैं। उसी संगीत से मिलती-जुलती शैली में उसी भावुक प्रभाव को शब्दों से बाँधने का यह कुछ प्रयास है।—श०]

मैं
सुनूँगा तेरी आवाज़
पैरती बर्फ़ की सतह में तीर-सी
　　शबनम को रातों में
　　　　तारों की टूटती
　　　　　　गर्म
　　　　　　गर्म
　　　　　　　　शमशीर-सी—
　　तेरी आवाज़
　　　　ख़ाबों में घूमती-झूमती
　　　　　　आहों की एक तसवीर सी
　　　　सुनूँगा : मेरी-तेरी है वह
　　　　　　खोई हुई
　　　　　　रोई हुई
　　　　　　　　एक तक़दीर-सी

परदों में——जल के——शांत
झिलमिल
झिलमिल
कमलदल ।

रात की हँसी है तेरे गले में,
सीने में,
बहुत काली सुर्मयी पलकों में,
साँसों में, लहरीली अलकों में :
आयी तू, ओ किसकी !
फिर मुसकरायी तू
नींद में——ख़ामोश...वस्ल ।

शुरू है आख़िरी पीर।...

सलाम !...
मेरे दर्द से हमकलाम
न हो !
जा, अब सो,
न रो।
तू मेरी बेबस बाँहों पर, सर रख कर, ओह,
न रो!

जो कुछ है
जो कुछ है
खो !
खो !
खो !
ओ शीरीं ! ओ लैला ! ओ हीर !
—जा !
—जा !
—जा !—सो !...

× ×

बेख़बर मैं,
बाख़बर आधी-सी रात।
बेख़बर सपने हैं।
बाख़बर है एक, बस, उसकी ज़ात !
तू मेरी !...
आमीन !
आमीन !
आमीन !

[1943

एक पीली शाम

एक पीली शाम
        पतझर का ज़रा अटका हुआ पत्ता
शान्त
मेरी भावनाओं में तुम्हारा मुखकमल
कृश म्लान हारा-सा
        (कि मैं हूँ वह
मौन दर्पण में तुम्हारे कहीं ?)

        वासना डूबी
        शिथिल पल में
        स्नेह काजल में
        लिये अद्भुत रूप-कोमलता।

अब गिरा अब गिरा वह अटका हुआ आँसू
सान्ध्य तारक-सा
        अतल में।

[1953

मुझे—न मिलेंगे —आप

मुझे
  न मिलेंगे आप,
आपका
    एकाकी क्षण हूँ मैं;
आपका
    भय और पाप,
आपका
    एकाकीपन हूँ मैं।

    आसमान
        ढँके हुए है
    समुद्र का
        नील द्रव्य—
    देर से वह
        तके हुए है
    आपका
        और मेरा कर्तव्य।

बरस पड़ेगा वह
    सर पर—
उससे
    बचाव कोई नहीं।
वह अपनी
    समाधि है ऊपर;
उसमें
    अपनाव कोई नहीं।

[1943

अंतिम विनिमय

हृदय का परिवार काँपा अकस्मात् ।
भावनाओं में हुआ भू-डोल-सा ।
पूछता है मौन का एकांत हाथ
वक्ष छू, यह प्रश्न कैसा गोल-सा :
प्रात-रव है दूर जो 'हरि-बोल !'-सा,
पार, सपना है—कि धारा है—कि रात ?
कुहा में कुछ सर झुकाए, साथ-साथ,
जा रहा परछाइयों का ग़ोल-सा !'

× ×

प्राण का है मृत्यु से कुछ मोल-सा ;
सत्य की है एक बोली, एक बात ।

[1945

शाम होने को हुई

शाम होने को हुई, लौटे किसान
दूर पेड़ों में बढ़ा खग-रव।
धूल में लिपटा हुआ है आसमान :
शाम होने को हुई, नीरव।

तू न चेता। काम से थक कर
फटे-मैले वस्त्र में कमकर
लौट आये खोलियों में मौन।
चेतने वाला न तू—है कौन ?

शाम; हम-तुम, और बाबू लोग,
लड़कियाँ चंचल, निठल्ले युवक,
स्फूर्त-मन सब सिनेमा की ओर
चले : जाने कौन-सी है ललक।

घुमड़ते-घुटते हृदय के भाव
चित्रपट पर नग्न आते बिखर :
आर्थिक वास्तविकता का दाँव
भूल, हम छूते अपार्थिव शिखर।

हाय कर उठते हमारे नयन ;
होंट सी लेते दबा अफ़सोस :
माँगता उर-भार अंतिम शयन...
चाँदनी सित वक्ष कोमल ओस ।

दूर की मर्मर-मिली नीहार,
दूर की नीहार मालाएँ ;
निकट, तम-विक्षिप्त सागर-फेन ।
एक ही आह्वान : आ जाएँ !
आज आ जाएँ हमारे ऐन !

भूल के मंदिर सुघर बहुमूल्य
हृदय को विश्वास देते दान :
प्राप्य श्लाघा से अयाचित मान ;
स्वप्न भावी, द्रव्य से अनुकूल ।

दीन का व्यापार श्लाघामय !
... ...

छिन्न-दल कर कागज़ी विस्मय
सत्य के बल शूल हूलूँ मैं !
—शाम निर्धन की न भूलूँ मैं !
× ×

रात हो आयी ; चमक उठे कई
बल्व ; ऊपर अग्रहायण, दूर—
नभ में । दूर तक उट्ठे अधीर
भाव...कैसे सहज, कैसे क्रूर !

[1945

मौन आहों में बुझी तलवार

1

मौन आहों में बुझी तलवार
तैरती है बादलों के पार।
चूम कर ऊषाभ आशा अधर
गले लगते हैं किसी के प्राण।

—गह न पाएगा तुम्हें मध्याह्न;
छोड़ दो ना ज्योति का परिधान।

2

यह कसकता, यह उभरता द्वन्द्व
तुम्हें पाने मधुरतम उर में,
तोड़ देने धैर्य-वलयित हृदय
उठा।

परम अंतर्मिलन के उपरांत
प्राप्त कर आनंद मन एकांत
खिला मृदु मधु शांत।

[1945

छिप गया वह मुख

छिप गया वह मुख
ढँक लिया जल आँचलों ने बादलों के
(आज काजल रात-भर बरसा करेगा क्या ?)

नम गयी पृथ्वी बिछा कर फूल के सुख
सीप सी रंगीन लहरों के हृदय में, डोल
चमकीले पलों में,
हास्य के अनमोल मोती, रोल
तट की रेत, अपने आप कैसे टूटते हैं :
बुलबुलों में, सहज-इंगित. मुद्रिकाओं के नगीने
भाव-अनुरंजित; न जाने सहज कैसे
हवा के उन्मुक्त उर में फूटते हैं !
(मौन मानव। बोल को तरसा करेगा क्या ?)

रिक्त रक्तिम हृदय आँचल में समेटे
घिरा नारी मन उचाटों में,
भूल-धूमिल जाल मानस पर लपेटे
नागफन के धूल काँटों में :
खड़ी विजड़ित चरण...संध्या, मूल प्राणों की...
छाँह जीवन-वनकुसुम की, स्थिर।
(वास्तव को स्वप्न ही परसा करेगा क्या ?)

[1945

दूब

मोटी, धुली लॉन की दूब,
    साफ़ मखमल की क़ालीन।
ठंडी धुली सुनहरी धूप।

हलकी मीठी चा-सा दिन,
मीठी चुस्की-सी बातें,
मुलायम बाँहों-सा अपनाव।

पलकों पर हौले-हौले
तुम्हारे फूल-से पाँव
    मानो भूल कर पड़ते
    हृदय के सपनों पर मेरे!

अकेला हूँ, आओ!

[1945

सागर-तट

यह समंदर की पछाड़
तोड़ती है हाड़ तट का—
अति कठोर पहाड़।

पी गया हूँ दृश्य वर्षा का :
हर्ष बादल का
हृदय में भर कर हुआ हूँ हवा-सा हलका।

धुन रही थीं सर
व्यर्थ व्याकुल मत्त लहरें
वहीं आ-आकर
जहाँ था मैं खड़ा
मौन ;
समय के आघात से पोली, खड़ी दीवारें
जिस तरह घहरें
एक के बाद् एक, सहसा।

चाँदनी की उँगलियाँ चंचल
क्रोशिये से बुन रही थीं चपल
फेन-झालर बेल, मानो।

पंक्तियों में टूटती-गिरती
चाँदनी में लोटती लहरें
बिजलियों-सी कौंदती लहरें
मछलियों-सी बिछल पड़तीं तड़पती लहरें
बार-बार।

स्वप्न में रौंदी हुई-सी विकल सिकता
पुतलियों-सी मूँद लेती
आँख।

यह समंदर की पछाड़
तोड़ती है हाड़ तट का—
अति कठोर पहाड़।
यह समंदर की पछाड़

| 1945

कठिन प्रस्तर में

कठिन प्रस्तर में अगिन सूराख़।
मौन पर्तों में हिला मैं कीट।
(ढीठ कितनी रीढ़ है तन की—
तनी है!)

आत्मा है भाव:
भाव-दीठ
झुक रही है
अगम अन्तर में
अनगिनत सूराख़-सी करती।

य' शाम है

[ग्वालियर की एक खूनी शाम का भाव-चित्र : लाल झंडे, जिन पर रोटियाँ टँगी हैं, लिये हुए मजदूरों का जुलूस। उनको रोटियों के बदले मानव-शोषक शैतानों ने गोलियाँ खिलायीं। उसी दिन—12 जनवरी 1944 की एक स्वर-स्मृति।]

य' शाम है
कि आसमान खेत है पके हुए अनाज का।
लपक उठीं लहू-भरी दरातियाँ,
—कि आग है :
धुआँ धुआँ
सुलग रहा
गवालियार के मजूर का हृदय।

कराहती धरा
कि हाय मय विषाक्त वायु
धूम्र तिक्त आज
रिक्त आज
सोखती हृदय
गवालियार के मजूर का।

ग़रीब के हृदय
टँगे हुए
कि रोटियाँ लिये हुए निशान
लाल-लाल
जा रहे
कि चल रहा
लहू-भरे गवालियार के बजार में जुलूस :
जल रहा
धुआँ धुआँ
गवालियार के मजूर का हृदय।

[1946

का० रुद्रदत्त भारद्वाज की शहादत की पहली वर्षी पर
(19 अप्रैल, 1949)

वह हँसी का फूल–
ऊषा का हृदय
बस गया है याद में : मानो
अहर्निश्
साँस में एक् सूर्योदय हो !

जागता व्यक्तित्व !
बोलता पाण्डित्य !

आज भारद्वाज के विश्वास की लाली
रक्त का स्पंदन—मधुरतर है !
प्रखरतर है !

× ×

चढ़ रहा है दिन ।

× ×

धूल में हैं तीन रंग
गड़ा जिसपर मौन भारद्वाज का है—लाल—निशान ।

उसी की आभा गगन
पूर्व में लाता ।

× ×

देखता है मौन अक्षयवट
क्रांति का इक बृहद् कुंभ :
क्रांतिमय निर्माण का इक बृहद् पर्व ।
चमकती असिधार-सी है धार गंगा की ।
हरहरा कर उठ रहा है
नव
जनमहासागर ।

सुबह्

जो कि सिकुड़ा हुआ बैठा था, वो पत्थर
सजग-सा होकर पसरने लगा
आप से आप ।

रात्रि

1

मैं मींच कर आँखें
कि जैसे क्षितिज
तुमको खोजता हूं।

2

ओ हमारे साँस के सूर्य !
साँस की गंगा
अनवरत बह रही है।
तुम कहाँ डूबे हुए हो ?

दिन किशमिशी-रेशमी, गोरा

दिन
किशमिशी रेशमी गोरा
        मुसकराता
आब
मोतियों की छिपाए अपनी
        पाँखड़ियों तले

सुर्मयी गहराइयाँ
        भाव में स्थिर
जागते हों स्वप्न जैसे
माँगते हों कुछ...
        खिलौना जागता-सा
                मौन कोई

क्या वही तो तू नहीं है मन ?

×

गोद यह
रेशमीगोरी, अस्थिर
अस्थिर
हो उठती
आज
किसके लिए ?

×

जा
ओ बहार
जा !
मैं जा चुका कब का
तू भी...
ये सपने न दिखा !

जाविदानी है अगर्चे तू
जाविदानी है अगर्चे ज़िन्दगी
फिर भी
रह म कर !

गीली मुलायम लटें

गीली मुलायम लटें
        आकाश
साँवलापन रात का   गहरा सलोना
स्तनों के बिंबित उभार लिये
हवा में बादल
                    सरकते
चले जाते हैं मिटाते हुए
            जाने कौन से कवि को...

नया गहरापन
तुम्हारा
            हृदय में
        डूबा चला जाता
न जाने कहाँ तक
आकाश-सा

            ओ साँवलेपन
ओ
    सुदूरपन
            ओ केवल
                लयगति...

पूरा आसमान का आसमान

पूरा आसमान का आसमान है
एक इन्द्रधनुषी ताल
नीला साँवला हलका-गुलाबी
बादलों का धुला
पीला धुआँ...
मेरा कक्ष, दीवारें, किताबें, मैं, सभी
इस रंग में डूबे हुए-से
मौन।

और फिर मानो कि मैं
एक मत्स्य— हृदय में
बहुत ही रंगीन,
लेकिन
बहुत सादा साँवलापन लिये ऊपर,
देखता हूँ मौन पश्चिम देश :
लहरों के क्षितिज पर
एक
बहुत ही रंगीन हलकापन,
बहुत ही रंगीन कोमलता।

कहाँ है
वो कि ता बें, दी वा रें, चे ह रे, वो
बादलों की इन्द्रधनुषी हँसियाँ ?
बादलों में इन्द्रधनुषाकार लहरीली
लाल हँसियाँ
कहाँ है ?

मन

मोह मीन गगन लोक में
बिछल रही
लोप हो कभी अलोप हो कभी
छल रही।

मन विमुग्ध
नीलिमामयी परिक्रमा लिये,
पृथ्वी-सा घूमता
घूमता
(दिग्धूम तप्त वह)
जाने किन किरणों को चूमता,
झूमता —
जाने किन...
मुग्ध लोल व्योम में
मौन वृत्त भाव में रमा
मन,
मोह के गगन विलोकता
भाव-नीर में अलोप हो
कभी
लोप हो,
जाने क्या लोकता
मन !

गीत

शाम का आख़िरी गाना—
तुम आना न आना :
वो नाम तो मन को रटाना—न रुकेगा
शाम का गाना—
न चुकेगा
शाम का आख़िरी गाना।
ये ताना-सा ताना है कोई : समझाना-बुझाना
कि मन बहलाना :
—वो शाम का आख़िरी गाना,
शाम का गाना।

बीत गयीं जग की संध्याएँ,
जगती की सुंदर संध्याएँ।
कहने को इक दुनिया आयी ;—
आप न आये, न आये, न आये !
क्या भूलें क्या याद दिलायें;
कौन दिलाये, किसको दिलाये !
एक है आज तो भूलना, याद दिलाना—
शाम का आख़िरी गाना !

[1946

एक मौन

सोने के सागर में अहरह
एक नाव है
(नाव वह मेरी है)
सूरज का गोल पाल संध्या के
सागर में अहरह
दोहरा है...
ठहरा है...
(पाल वो तुम्हारा है)

एक दिशा नीचे है
एक दिशा ऊपर है
यात्री ओ !
एक दिशा आगे है
एक दिशा पीछे है
यात्रिओ !
हम-तुम नाविक हैं
इस दस ओर के :
अनुभव एक हैं
दस रस ओर के :

यात्रिओ !

आओ, इकहरी हैं लहरें
अहरह।
संध्या, ओ संध्या ! ठहर—
मत वह !
अमरन मौन एक भाव है
(और वह भाव हमारा है !)
ओ मन ओ
तू एक नाव है !
(और वह नाव हमारी है !)

[1951

घनीभूत पीड़ा
(एक सिम्फ़नी)

जबाँदराज़ियाँ ख़ुदी की रह गयीं :
तेरी निगाहें कहना था सो कह गयीं।

—कोई
आँख मुँदी है न खुली।
एक ही चट्टान...लहर पार लहर, पार...
सूर्य के इस ओर ठहर
स्तंभ-तुला पर सिहरा
मौन जलद-कन।
—आँख मुँदी है न खुली कोई।

× ×

बुलबुले उठे, उड़े
—कि तीरछे मुड़े :
खिले : फेन-कमल वन,
उज्ज्वलतम :
धनपट से दूर, वार,—खुले।
कोमल कन, छन्-छन्, बुलबुले।
ज्योति-जुड़े।

× ×

खोल, उठा ज्योति के मयंक !
अंक मिटा भाल के, निशंक !
मोह-सत्य भौंह बंक।
लौह सत्य प्रेम-पंक।
---अन्यथा व्यथा व्यथा, वृथा...

है अनादि : आदि रंक—शून्य अंक।
तोल उठा वक्ष के अशंक भाव
की अथाहता !

× ×

वर्जिन को जीन, भीन को भगा :
मौन प्रेम में पगा हृदय जगा !
सुप्ति-शुक्ति-पट विलोल,
खोले मुक्ताभ विमल उर अमोल
सम्पुट अलगा।

××

हे अमल अनल !
छोर कहाँ छोड़ा उस भाव का विमल :
सरिता-तट छोह जहाँ मोह का कमल ?

चट्टानें तानें लहरों की नित रहीं तोड़
गति मरोड़ रहीं मनःस्वन की,—
उन्चास मोड़
होड़ ले रहे तुमसे केवल,
हे अमल अनल !
हे अमल अनल !

××

देखा था वह प्रभात;
तुम्हें साथ; पुनः रात :
पुलकित...फिर शिथिल गात;
तप्त माथ, स्वेद-स्नात;
मौन म्लान, पीत पात;
पुनः अश्रु-बिम्ब-लीन
शनैः स्वप्न-कम्प वात।

××

हे अगोरती विभा,
जोहती विभावरी !
हे अमा उमामयी,
भावलीन बावरी !
मौन मौन मानसी,
मानवी व्यथा-भरी !

लजाओ मन अभाव की परेख ले :
समाज आँख भर तुम्हें न देख ले।

[1946

यह विवशता

यह विवशता
कभी बनती चाँद
कभी काला ताड़
कभी ख़ूनी सड़क
कभी बनती भीत, बाँध
कभी बिजली की कड़क, जो
क्षण-प्रतिक्षण चूमती-सी पहाड़।
यह विवशता
बना देती सरल जीवन को
ख़ून की आँधी।
यह विवशता
मौन में भी है
अथाह।

भावनाओं के सलीब
स्वयं काँधा बन उठे-से हैं
कठिनतम।
हड्डियों के जोड़
खुल रहे हैं।
टूटते हैं बिजलियों के स्वप्न के आँसू;
आँख-सी सूनी पड़ी है भूमि।

क्रांत अंतर में अपार
मौन।

[1945

गीत

सावन की उनहार
आँगन-पार ।

मधु बरसे, हुन बरसे,
बरसे— —स्वाँति धार
आँगन पार ।

सावन की उनहार—

[1948

वसंत आया

फिर बाल वसंत आया, फिर लाल वसंत आया,
फिर आया वसंत !
फिर पीले गुलाबों का, रस-भीने गुलाबों का
आया वसंत !
सौ चाँद से मसले हुए जोबन पर
शृंगार की बजती हुई रागिनियाँ
रसराज की मधुपुरी की गलियों में
सौ नूरजहाँएँ, सौ पद्मिनियाँ
फिर लायीं वसंत,
—उन्मत्त वसंत आया !
फिर आया वसंत :
फिर बाल गुलाबों का, फिर लाल गुलाबों का
आया वसंत !
यौवन की उमड़ती हुई यमुनाएँ
फन-मणि की गुथी हुई लहर कलियाँ
रस-रंग में बौरी हुई राधाएँ
रस-रंग में माती हुई कामिनियाँ
फिर लायीं वसंत।
उन्मत्त वसंत आया !
फिर आया वसंत :
फिर पीले गुलाबों, फिर रस-भीने गुलाबों का
आया वसंत !
फिर लाल वसंत आया, फिर बाल वसंत आया,
फिर आया वसंत !

[1949

धूप

धूप थपेड़े मारती है थप्-थप्
  केले के हातों से पातों से
  केले के थंबों पर

ग्सर-खसर एक चिकनाहट
  हवा में मक्खन-सा घोलती है

नींद-भरी आलस की भोर का
कुंज गदराया है
यौवन के सपनों से
अभी अनजान मानो

नावें उछलती हैं लहरों में बादलों के
हलकीऽ हलकी मगन मगन
कि सीटियाँ-सी व्योम बजाता है चारों ओर
बेमानी तानें-सी आप ही आप गुनगुनाता है

चुम्बन की मीठी पुचकारियाँ
  खिला रहीं कलियों को फूलों को हँसा रहीं

घाँसों को गुदगुदियों न्हिला रहीं

नाच हैं खिल् खिल् खिल्

कुसुमों-से चरनों का लोच लिये
थिरक रही हैं
भीनीं भीनीं
सुगंधियाँ

क्यों न उसाँसें भरे
धरती का हिया

धूप की चुस्कियाँ
पिये जाय, आँख मीच, सोनीली माटी

कन्-कन् जिये जाय

थप्-थप्! केले के पातों पर हातों से
हाथ् दिये जाय
थप थप्...

वह सलोना जिस्म

शाम का बहता हुआ दरिया कहाँ ठहरा !
साँवली पलकें नशीली नींद में जैसे झुकें
चांदनी से भरी भारी बदलियाँ हैं,
ख़्वाब में गीत पेंग लेते हैं
प्रेम की गुइयाँ झुलाती हैं उन्हें :
—उस तरह का गीत, वैसी नींद, वैसी शाम-सा है
वह सलोना जिस्म।

उसकी अधखुली अँगड़ाइयाँ हैं
कमल के लिपटे हुए दल
कसे भीनी गंध में बेहोश भौंरे को।

वह सुबह की चोट है हर पंखुड़ी पर।

रात की तारों-भरी शबनम
कहाँ डूबी है !

नर्म कलियों के
पर झटकते हैं हवा की ठंड को।

तितलियाँ गोया चमन की फ़िज़ा में नश्तर लगाती हैं।

—एक पल है यह समाँ
जागे हुए उस जिस्म का !

जहाँ शामें डूब कर फिर सुबह बनती हैं
एक-एक,—
और दरिया राग बनते हैं—कमल
फ़ानूस—रातें मोतियों की डाल—
दिन में
साड़ियों के-से नमूने चमन में उड़ते छबीले ; वहाँ
गुनगुनाता भी सजीला जिस्म वह—
जागता भी
मौन सोता भी, न जाने
एक दुनिया की
उमीद-सा,
किस तरह !

[1949

आओ !

1

क्यों यह धुकधुकी, डर,—
दर्द की गर्दिश यकायक साँस तूफ़ान में गोया।
छिपी हुई हाय-हाय में
सुकून
की तलाश।

बर्फ़ के गालों में है खोया हुआ
या ठंडे पसीने में ख़ामोश है
शबाब।

तैरती आती है बहार
पाल गिराए हुए
भीने गुलाब—पीले गुलाब
के।
तैरती आती है बहार
ख़ाब के दरिया में
उफ़क़ से
जहाँ मौत के रंगीन पहाड़
हैं।

ज़ाफ़रान
जो हवा में है मिला हुआ
साँस में भी है।

मुँद गयी पलकों में कोई सुबह
जिसे ख़ून के आसार कहेंगे।
——खो दिया है मैंने तुम्हें।

2

कौन उधर है ये जिधर, घाट की दीवार...है?
वह जल में समाती हुई चली गयी है;
लहरों की बूँदों में
करोड़ों किरनों
की ज़िंदगी
का नाटक-सा : वह
मैं तो नहीं हूँ।

फिर क्यों मुझे (अंगों में सिमिट कर अपने)
तुम भूल जाती हो
पल में :
तुम कि हमेशा होगी
मेरे साथ,
तुम भूल न जाओ मुझे इस तरह।

× ×

एक गीत मुझे याद है।
हर रोम के नन्हे-से कली-मुख पर कल
सिहरन की कहानी मैं था;
हर ज़र्रे में चुम्बन के चमक की पहचान।
पी जाता हूँ आँसू की कनी-सा वह पल।

ओ मेरी बहार !

तू मुझको समझती है बहुत-बहुत——तू जब
यूँ ही मुझे बिसरा देती है।

खुश हूँ कि अकेला हूँ,
कोई पास नहीं है—
बजुज़ एक सुराही के,
बजुज़ एक चटाई के,
बजुज़ एक ज़रा-से आकाश के,
जो मेरा पड़ोसी है मेरी छत पर
(बजुज़ उसके, जो तुम होतीं— मगर हो फिर भी
यहीं कहीं अजब तौर से।)

तुम आओ, गर आना है
मेरे दीदों की वीरानी बसाओ;
शे'र में ही तुमको समाना है अगर
ज़िंदगी में आओ, मुजस्सिम...
बहरतौर चली आओ।
यहाँ और नहीं कोई, कहीं भी,
तुम्हीं होगी, अगर आओ;
तुम्हीं होगी अगर आओ, बहरतौर चली आओ अगर।
(मैं तो हूँ साये में बँधा-सा
दामन में तुम्हारे ही कहीं, एक गिरह-सा
साथ तुम्हारे।)

3

तुम आओ, तो खुद घर मेरा आजाएगा
इस कोनो-मकाँ[1] में,
तुम जिसकी हया हो,
लय हो।

उस ऐन ख़मोशी की—हया-भरी
इन सिम्तों की पहनाइयाँ[2] मुझको
पहनाओ!
तुम मुझको
इस अंदाज़ से अपनाओ
जिसे दर्द की बेगानारवी[3] कहें,
बादल की हँसी कहें,
जिसे कोयल की
तूफ़ान-भरी सदियों की
चीखें,
कि जिसे 'हम-तुम' कहें।

(वह गीत तुम्हें भी तो
याद होगा?)

[1949

1. देश-काल 2. विस्तार 3. बेरुखी।

चीन

[हाशिये पर दिये हुए चीनी संकेताक्षरों का अर्थ चीन देश का नाम है : 'चीनी जनता का लोकसत्तात्मक गणतंत्र राज्य।' मैंने इन अलग-अलग संकेताक्षरों के मूल अर्थों की भाव-भूमि से लाभ उठा कर यह स्वतंत्र रूपक पल्लवित किया है। —श०]

मैंने
क्षितिज के बीचोबीच
खिला हुआ देखा
कितना बड़ा फूल !

中

देख कर
गंभीर शपथ की एक
तलवार सीधी अपने सीने पर
रखी और प्रण लिया
कि :

華

वह आकाश की माँग का फूल
जब तक मैं चूम न लूंगा
चैन से न बैठूंगा।

人

और महान संदेश लिये
दौड़ता हुआ संदेशवाहक हो जैसे—
मैं दौड़ा :

民

चार दिशाओं का आलोक
सिर पर धारे

पाँवों में उत्साह के पर औ'
अक्षुण्ण गति के तीर
बाँधे।

और पहुँच कर वहीं
अपने प्रेम की
बाँहों में बाँहें डाल दीं मैंने
और
उस सीमा के ऊपर खड़े हुए
हम दोनों प्रसन्न थे।

अमर सौंदर्य का
कोई इशारा-सा
एक तीर—
दिशाओं की चौकोर दुनिया के बराबर
संतुलित
सधा हुआ
निशाने पर
छूटने-छूटने को था।

× ×

(हमारा अंतर
एक बहुत बड़ी विजय का
आलोक-चिह्न
है।)

अज्ञेय से

जो नहीं है
जैसे कि 'सुरुचि'
        उसका ग़म क्या ?
        वह नहीं है।

किससे लड़ना ?

रुचि तो है शान्ति,
            स्थिरता,
        काल-क्षण में
        एक सौन्दर्य की
            मौन अमरता।

अस्थिर क्यों होना
फिर ?

जो है
        उसे ही क्यों न सँजोना ?
        उसी के क्यों न होना ?—
        जो कि है।

जो नहीं है
जैसे कि सुरुचि
उसका ग़म क्या ?
वह नहीं है।

कुछ और कविताएँ

कुछ और कविताएँ

पहले संस्करण का वक्तव्य

यह चयन

'कुछ कविताएँ' के बाद 'कुछ और कविताएँ' मेरी प्रमुख कविताओं में से किया गया दूसरा चयन है। इसमें सन् '41 से '60 तक की मेरी सभी प्रकार की कविताओं के उदाहरण मिल जायँगे। मेरे कवि ने कभी किसी 'फ़ार्म', शैली या विषय का सीमा-बन्धन स्वीकार नहीं किया। फ़ैशन किन विषयों पर लिखने का है, कौन-सी शैली 'चल रही है', किस 'वाद' का युग आ गया है या चला गया है—मैंने कभी इसकी परवा नहीं की। जिस विषय पर जिस ढंग से लिखना मुझे रुचा, मन जिस रूप में भी रमा, भावनाओं ने उसे अपना लिया; अभिव्यक्ति अपनी ओर से सच्ची हो, यही मात्र मेरी कोशिश रही—उसके रास्ते में किसी भी बाहरी आग्रह का आरोप या अवरोध मैंने सहन नहीं किया। इसीलिए मेरी अक्सर कविताओं के, जो सन् '40-'41 के आस-पास की थीं, प्रकाशन का समय दस-बारह साल बाद आया, या शायद तब भी नहीं आया। और न मैंने इसकी चिन्ता की। कवि का कर्म अपनी भावनाओं में, अपनी प्रेरणाओं में, अपने आन्तरिक संस्कारों में, समाज-सत्य के मर्म को ढालना—उसमें अपने को पाना है, और उस पाने को अपनी पूरी कलात्मक क्षमता से पूरी सच्चाई के साथ व्यक्त करना है, जहाँ तक वह कर सकता हो। मैं जितना महत्त्व ऐसी अभिव्यक्ति को देता हूँ—कवि के जीने मात्र के लिए मैं उसे जितना महत्त्वपूर्ण समझता हूँ—उतना उसके **प्रकाशन** को नहीं। कला के 'प्रकाशन' को वास्तव में मैं कोई महत्त्व नहीं देता। कला कैलेंडर की चीज़ नहीं है। वह कलाकार की अपनी बहुत निजी चीज़ है। जितनी ही अधिक वह उसकी अपनी निजी है, उतनी ही कालान्तर में वह औरों की भी हो सकती है—अगर वह सच्ची है, कला-पक्ष और भाव-पक्ष दोनों ओर से। वह 'अपने-आप' प्रकाशित होगी। और कवि के लिए वह सदैव कहीं-न-कहीं प्रकाशित है। अगर वह सच्ची कला है, पुष्ट कला है।

सामाजिक दायित्व के पक्ष से मैं उस उत्कृष्ट र्‌हेटरिक या महान् छन्दोबद्ध जोशीली 'पत्रकारिता' का भी क़ायल हूँ जो मिल्टन और वर्ड्‌सवर्थ के कुछ प्रसिद्ध सानेटों में, बायरन और शेली में, कबीर, रवीन्द्रनाथ, इक़बाल और निराला में सहज ही **श्रेष्ठ काव्य** का रूप ले सकी है। बहुत क़ायल हूँ। मगर यह ज़िम्मेदारी उठाने की क्षमता कवि के असाधारण शिल्प में ही नहीं, उसकी आत्मा में भी होनी चाहिए। उसके ऊँचे व्यक्तित्व में। यह प्रथमत: वास्तव में पुष्ट गद्य और सक्षम वक्तृता का क्षेत्र है। सामान्यतया होता क्या है कि इस क्षेत्र के गहरे दायित्व से

जब हम भली प्रकार परिचित नहीं होते, तभी ताल और सुर को लेकर इस अखाड़े में उतरते हैं; या नहीं तो शायद हमें सामयिक वाहवाही दरकार होती है। और यह प्रकाशन-प्रदर्शन औसत अक्षम कलाकार को तो खा जाता है। इसका मतलब यह नहीं कि हम अपने दायित्व से ग़ाफ़िल हों, कोशिश न करें समाज में नयी चेतना फूंकने की—अगर **कविता के माध्यम से ही** ऐसा करने की हमें प्रेरणा मिलती है। मगर ऐसी 'चेतना' रखना और उसे 'फूंकना'—अभिमंत्रित शक्ति की तरह समाज के प्राणों में उसे भरना...इसका अर्थ क्या है, यह ध्यान में रखना आवश्यक होगा। मामूली सामर्थ्य का काम नहीं है। बेशक ऐसी चीज़ों के सद्यः प्रकाशन, और प्रचार, पर मेरा प्रबल आग्रह है। आवश्यक नहीं कि **हर दशा में** ऐसी उपादेय चीज़ें सच्ची कविता ही मानी जायँ।

स्वयं मैं ऐसी चीजें कम लिख सका हूँ। कुछ नमूने इस संग्रह में मिलेंगे। शायद वह बहुत सफल न हों। एक दौर था, जब मैं ऐसी चीज़ें लिखने के लिए अधिक उत्सुक था, उसके लिए अपने अन्दर काफ़ी प्रेरणा महसूस करता था। पर अपेक्षित स्तर मुझे सदा अपने कवि-व्यक्तित्व की पहुँच से बहुत ऊँचा और असम्भव-सा महसूस होता। फिर भी मैंने अपनी प्रेरणाओं को कुछ ऐतिहासिक सत्यों से जोड़ने की, उनके धर्म को अपनी धड़कन के साथ व्यक्त करने की कोशिश की। ऐसी कोशिशों पर विवाद, कई पक्षों से, अस्वाभाविक नहीं है। फिर भी मैं यह दोहरा कर कहना चाहूँगा कि **जहाँ तक** वह मेरी निजी उपलब्धि है वहीं तक मैं उन्हें, दूसरों के लिए भी, मूल्यवान समझता हूँ। अर्थात कविता में सामाजिक अनुभूति काव्यपक्ष के अन्तर्गत ही महत्त्वपूर्ण हो सकती है।

जो संस्कार मुझे अपने पूर्वजों से मिले, उनमें कम-से-कम उर्दू-हिन्दी के बीच की दीवारें नहीं थीं; बल्कि उनके बीच एक ऐसी ज़मीन थी, जहाँ दोनों लगभग एक नज़र आती हैं। बेशक दोनों को एक-दूसरे से इतना भिन्न रूप दिया जा सकता है कि दोनों के लेखक और वक्ता एक-दूसरे का मुँह देखें; मगर उनका एक ऐसा भी सहज रूप है, गद्य-पद्य दोनों में, जहाँ वे सुनने या पढ़ने वालों को अभिन्न-सी जान पड़ें, या उनमें बराय नाम ही अन्तर मालूम हो। हर भाषा की जान होता है मुहावरा। और मुहावरे हिन्दी-उर्दू दोनों के बिलकुल एक हैं। उर्दू का समुन्नत गद्य-पद्य मैं खड़ी बोली की ही निधि समझता हूँ। इन दोनों के भेद-भाव के पीछे 'राजनीति' और जातीयता के स्वार्थों का और ग़ुलामी के ज़माने की शिक्षण-नीति का इतिहास है। मैं इस इतिहास का क़ायल नहीं हूँ, ठीक जैसे सामान्य जीवन में खड़ी बोली का व्यवहार करने वाली साधारण जनता इसकी क़ायल नहीं है। और अब उर्दू-हिन्दी के नये रूपों के इतिहास की बागडोर इसी साधारण जनता के प्रतिनिधियों के हाथ में आती जा रही है।

इस बहस से मेरा तात्पर्य यहाँ क्या है? क्या मैंने अपने भरसक ऐसी कोशिश

पद्य में की है जिससे मैं दोनों भाषाओं के स्वरूप को एक कर सका हूँ ? शायद; कहीं—कुछ हद तक। अपनी चीज़ों पर राय देने का मेरा हक़ नहीं। पर हाँ, मैं अपनी ग़ज़लों को, जिनमें से कुछ को मैंने प्रस्तुत संग्रह में स्थान दिया है, अपनी हिन्दी रचनाओं से कभी अलग नहीं रखना चाहूँगा। ग़ज़ल एक लिरिक विधा है, जिसकी कुछ अपनी शर्तें हैं, अपना प्रतीकवाद है, अपनी जीवन्त परम्परा। ग़ज़लें मैंने थोड़ी ही, और केवल अपने गाने-गुनगुनाने के लिए ही, लिखीं। और उनमें किसी मौलिकता का दावा भी मुझे नहीं।...पर मुझे असाधारण कवि होने का ही दावा कब है ? अगर साधारणतया मेरी कुछ चीज़ों से, जिनमें दो-चार ग़ज़लें भी हैं, थोड़ा-सा भी साहित्यिक मनोरंजन हो जाता है, तो क्या यह पर्याप्त नहीं ?

यह चयन मैंने काफ़ी ऑब्जेक्टिव दृष्टिकोण रखकर किया है—जहाँ तक सम्भव था। प्राय: ऐसी ही कविताएँ लीं, जो या तो पहले ही किसी अच्छी या सुथरी मानी जानेवाली रुचि के चुनाव में आ चुकी थीं या जिनके बारे में परस्पर भिन्न रुचि के कुछ पाठक या श्रोता अपनी पसन्द का इज़हार कर चुके थे। जैसे, 'दूसरा सप्तक' से—'बात बोलेगी', 'वाम वाम वाम दिशा', 'वसन्त पंचमी की शाम, 1948',—'माई', 'घिर गया है समय का रथ', 'एक मुद्रा से', रुबाई (पृष्ठ 148), और कुछ शेर; द्वैमासिक 'प्रतीक' से—'यामा कवि से', 'मूंद लो आँखें', 'ज़िन्दगी का प्यार', और 'हंस' से—'अम्न का राग'। अन्यत्र प्रकाशित कविताओं में से—'होली : रंग और दिशाएँ', 'टूटी हुई बिखरी हुई', 'धूप कोठरी के आईने में खड़ी', 'भुवनेश्वर', 'लौट आ, ओ धार !', 'आये भी वो गये भी वो' (ग़ज़ल), इत्यादि। कुछ कविताएँ पहली ही बार प्रकाशित हो रही हैं, यद्यपि वह काफ़ी पहले की लिखी हुई हैं। ये रायज फ़ैशन से ज़रा कम मेल खाती थीं, इसलिए उन्हें प्रकाशन के लिए भेजने का कभी उत्साह नहीं हुआ; और कुछ 'बहुत पर्सनल' थीं ! जैसे—'चित्तप्रसाद की 'बहार' शीर्षक कविता सुनकर', 'एक पत्राक्षर', 'सानेट और त्रिलोचन'।

मुझे अपनी कम ही कविताओं से वह खास तरह का राग है जिसे 'मोह' कहा जाय। (इस प्रकार के मोह को मैं गलत समझता हूँ।) अगर कहीं था भी, तो उसको मैंने चयन का आधार नहीं बनने दिया। एक 'सावन' शीर्षक कविता अपवाद हो तो हो। चूंकि एक प्रतिष्ठित मासिक पत्र में वह खंडित रूप में ही प्रकाशित हुई (यद्यपि रचना पूरी भेजी गयी थी)—मात्र सावन की घटा का वर्णन उसमें था, एक आन्तरिक लिरिक स्थिति का मात्र बाह्यावरण—इसलिए शेष अंश के साथ, जो उसका मुख्य भाग है, वह पूरी कविता यहाँ अपने पाठकों के समक्ष रख रहा हूँ। एक और अपनी 'बहुत निजी चीज़' भी मैं अवश्य ही इस संग्रह में शामिल करता अगर '58 के सफ़र में कुछ पांडुलिपियों के साथ वह खो न गयी होती : 'यह इलाहाबाद है'—

यह इलाहाबाद है।
दास, नागर, देव से—
मेरे लिए—
इसकी फ़िज़ा आबाद है !

कुछ लम्बी-सी चीज़ थी; और निश्चय ही उसके लिए मेरे हृदय में मोह था।—यद्यपि मोह एक ग़लत चीज़ है। तीन और कविताएँ भी ज़रूर ऐसी हैं जो मुझे जी से पसन्द हैं; और जो सुरियलिस्ट पेंटिंग हैं; और जिन्हें इसीलिए मैं अपने इस चयन में शामिल न करता। मगर, 'ये लहरें घेर लेती हैं' की कुछ पंक्तियाँ मेरे एक वक्तव्य के अन्तर्गत बहस में आ गयीं, जो सितम्बर '60 के 'ज्ञानोदय' में प्रकाशित हुआ था, इसलिए पूरी कविता को पाठकों के समक्ष रखना मुझे उचित ही जान पड़ा। (उसे यों कहीं प्रकाशनार्थ भेजने का कभी मन नहीं हुआ।) दूसरी, 'शिला का ख़ून पीती थी वह जड़' पर छायावादी युग के एक प्रतिनिधि कवि-विचारक, प्रस्तुत संग्रह पर कुछ सुझावों के सन्दर्भ में, 'टिक' लगा चुके थे—मैं उनका हृदय से आभारी हूँ—अतः सुरियलिज़्म से अपने सैद्धान्तिक विरोध को सिद्धान्त के ताक़ पर रखा और इस रचना को संग्रह में शामिल कर लिया। (क्लासिक रुचि अगर कहीं अतियथार्थ के प्रतीक को सार्थक पाती है, तो मेरे लिए वहाँ मौन ही अलम् है।) इसको चूंकि मैं 'सींग और नाखून', तीसरी कविता, के संग की रचना (companion poem) समझता हूँ, इसलिए इससे पहले उसको भी देना लाज़मी जान पड़ा।

कुछ विशिष्ट सुझावों के आधार पर और भी कुछ कविताएँ इस संग्रह में ज़रूर शामिल करता; मगर चयन में एक तरह का सन्तुलन रखना मैंने आवश्यक समझा, और इस खयाल से उनको छोड़ना ही पड़ा। तथापि उन कृपालु जनों का हृदय से आभारी हूँ जिनके सुझावों से कुछ क्या बहुत काफ़ी सहायता कुल मिलाकर मुझे इस चयन में मिली।

मैं कवि श्री अनाम का ऋणी हूँ कि प्रूफ़ में कुछ कविताओं को उनके साथ पढ़ते हुए मैं 'सावन' के अन्तिम अंश में कुछ बहुत आवश्यक सुधार कर सका।

मैं श्री ओंप्रकाश जी के प्रति भी कृतज्ञ हूँ कि उन्हें न जाने क्यों मेरी कविताएँ प्रकाशित करने का ख़याल आया।

उम्मीद तो है, बल्कि विश्वास, कि यह संग्रह काफ़ी लोगों को पसन्द आयेगा।

बहादुरगंज, इलाहाबाद,
6 अक्तूबर, 1961

शमशेर बहादुर सिंह

दूसरा संस्करण

ख़ुशी है कि एक सुरुचि-सम्पन्न प्रकाशक की ओर से 'कुछ और कविताएँ' का दूसरा संस्करण 'कुछ कविताएँ' के साथ ही प्रकाशित हो रहा है।

उज्जैन : 6 दिसम्बर, 1983

शमशेर बहादुर सिंह

सूची

केदार, त्रिलोचन और नागार्जुन को

बात बोलेगी

बात बोलेगी,
हम नहीं।
भेद खोलेगी
बात ही।

सत्य का मुख
झूठ की आँखें
क्या——देखें!

सत्य का रुख़
समय का रुख है:
अभय जनता को
सत्य ही सुख है,
सत्य ही सुख।

दैन्य दानव; काल
भीषण; क्रूर
स्थिति; कंगाल
बुद्धि; घर मजूर।

सत्य का
    क्या रंग ?——
पूछो
    एक संग।

एक—जनता का
    दु:ख : एक।
हवा में उड़ती पताकाएँ
    अनेक।
        दैन्य दानव। क्रूर स्थिति।
        कंगाल बुद्धि : मजूर घर-भर।
        एक जनता का—अमर वर :
        एकता का स्वर।
        अन्यथा स्वातंत्र्य-इति।

[1945

सूरज उगाया जाता

सूरज
उगाया जाता
फूलों में :
यदि हम
एक साथ
हँस पड़ते।

चाँद
आँगन बनता :
आँखों में रासभूमि यदि—
सौरमंडल की मिलती।

सार हम होते
काव्य के
अनुपम भूत-भविष्य के :
यदि हम
व र्त मा न
में
एक साथ
हँसते रोते गाते

एक साथ ! एक साथ ! एक साथ !

[1949

चित्तप्रसाद की 'बहार' शीर्षक कविता सुनकर

फिर बहार के आते न आते
सितारों में महक थी दूरियों का हृदय झिलमिल आईना था
शब्दों में गुँधे हुए सेहरे बहारों की नयी रिमझिम दिखाते थे
पुलक में गीत का-सा स्पर्श आँखें खोलता फिर मूँद लेता था
फूल में ख़ून आदमी का चमक ऊषा की रगें उम्मीद की
    इतिहास का-सा बोल   मन का अंतरंग
महकता था
और थी प्रेमी भुजाओं से छुटी शोडष उमंगों की महक
थी महक
शराब की
जो शहादत की फ़िज़ा से ढल रही थी कई युग से
        आज गहरी ढल रही थी

और सुर्ख़ बच्चों के कपोलों की गुलाबी पर निछावर थी
बहार (कोरियायी आत्मा भी किसी फूचिक की वहाँ एक
शांति का गीत गाती थी)

प्रेमियों की गोद है ख़ुद इरम का बाग़
        वीरता की वादियों का एक नग़मा
एक जोड़े की भरी गोद
सौ महाभारत निछावर एक किलकारी भरे आनंद की
छवि पर
आदमी की अमरता कवि है
और इस शब्द के मानी
बहार हैं।

[1949

एक आदमी दो पहाड़ों को कुहनियों से ठेलता

एक आदमी दो पहाड़ों को कुहनियों से ठेलता
पूरब से पच्छिम को एक क़दम से नापता
बढ़ रहा है

कितनी ऊँची घासें चाँद-तारों को छूने-छूने को हैं
जिनसे घुटनों को निकालता वह बढ़ रहा है
अपनी शाम को सुबह से मिलाता हुआ

फिर क्यों
        दो बादलों के तार
उसे महज़ उलझा रहे हैं ?

[1956

वाम वाम वाम दिशा

वाम वाम वाम दिशा,
समय : साम्यवादी।
पृष्ठभूमि का विरोध अंधकार-लीन। व्यक्ति—
कुहाऽस्पष्ट हृदय-भार, आज हीन।
हीनभाव, हीनभाव
मध्यवर्ग का समाज, दीन।

किन्तु उधर
        पथ-प्रदर्शिका मशाल
कमकर की मुट्ठी में—किन्तु उधर :
        आगे-आगे जलती चलती है
        लाल-लाल
वज्र-कठिन कमकर की मुट्ठी में
        पथ-प्रदर्शिका मशाल।

भारत का
भूत-वर्तमान औ' भविष्य का वितान लिये
काल-मान-विज्ञ मार्क्स-मान में तुला हुआ

वाम वाम वाम दिशा,
समय : साम्यवादी।

अंग-अंग एकनिष्ठ
ध्येय-धीर

सेनानी
वीर युवक
अति बलिष्ठ
वामपंथगामी वह—
समय : साम्यवादी।

लोकतंत्र-पूत वह
दूत, मौन, कर्मनिष्ठ
जनता का :
एकता-समन्वय वह—
मुक्ति का धनंजय वह
चिरविजयी वय में वह
ध्येय-धीर
सेनानी
अविराम
वाम-पक्षवादी है—

वाम वाम वाम दिशा,
समय : साम्यवादी।

[1945

हमारे दिल सुलगते हैं

(अल्जीरियाई वीरों को समर्पित)

लगी हो आग जंगल में कहीं जैसे,
हमारे दिल सुलगते हैं।

हमारी शाम की बातें
लिये होती हैं अक्सर ज़ल्ज़ले महशर के; और् जब
भूख लगती है हमें तब इन्क़लाब् आता है।

हम नंगे बदन रहते हैं झुलसे घोंसलों में,
बादलों-सा
शोर तूफ़ानों का उठता है—
डिवीज़न के डिवीज़न मार्च करते है,
नये बमबार हमको ढूँढ़ते फिरते हैं...

सरकारें पलटती हैं जहाँ हम दर्द से करवट बदलते हैं!

हमारे अपने नेता भूल जाते हैं हमें जब,
भूल जाता है ज़माना भी उन्हें, हम भूल जाते हैं उन्हें ख़ुद।

और तब
इन्क़लाब् आता है उनके दौर को गुम़ करने।

ऐसा ही प्रण

सानेट और त्रिलोचन : काठी दोनों की है
एक। कठिन प्राकार में बंधी सत्य सरलता।

साधे गहरी साँस सहज ही...ऐसा लगता
जैसे पर्वत तोड़ रहा हो कोई निर्भय
सागर-तल में खड़ा अकेला; वज्र हृदयमय।

नैसर्गिक स्वर में जब ऐसी गूढ़ अगमता
स्वयं बोलती हो जो युग की अवास्तविकता
को मानो ललकार रही हो, तब निःसंशय

अन्तस्तल खिल-खिल जाता; चट्टानें भीतर
दुखती-सी कसमस जीवन की :

—बढ़कर उन पर
सीधी चोट लगाऊँ, उनको ढाऊँ बरबस
डूबी हुई खान की निधियाँ अपनी सरबस
लाऊँ ऊपर !

अपने अन्दर ऐसा ही प्रण
लिये हुए हैं शायद सानेट और त्रिलोचन।

[1957

वसन्त पंचमी की शाम, 1948†

डूब जाती है, कहीं
जीवन में, वह
सरल शक्ति...

(म्यान सूनी है
आज)...क्यों
  मृत्यु बन आयी
    आसक्ति, आज ?

शुष्क हैं पल। अग्नि है घन।

सुनो वह 'पीयूऽ!—पीयूऽ!'
चिता-सा बन कर रहा क्रन्दन।

मौन है नीलाभ काल।
(दैव-धन है कवि !)

आज माधव-हास है कितना निराशा-सिक्त :
मौन...तमस वैतरणी विलास।

× × ×

---

†सुविख्यात कवयित्री, लोकनेत्री श्रीमती सुभद्राकुमारी चौहान के निधन पर।

"फूल—
थे;
हो गये...
तुम हे
मौन : धारा में,
संग उसके,
अमर जिसके गान।

"हे त्रिधाराधारमध्यविलास : जनमनमयी
करुणा के सरल मधुमास :
मुक्ता मुकुल कल उन्मादिनी के हास !

"नमो हे
सुख-शान्ति की
आशा
क्रान्तिमयी !"

माई[1]

तरु गिरा
जो—
झुक गया था, गहन
छायाएँ लिये।

अब
हो उठा है मौन का उर
और भी मौन...
दुख उठा है करुण सागर का हृदय,
साँझ कोमल और भी अपनाव का...
आँचल
डालती है दिवस के
मुख पर।

2

बोलती थी जो उदासी की--
बहन-सी; मा, थकी :
आज वह चुप है, शान्त है, अति ही...
शान्त है।

---

[1]स्वर्गीया श्रीमती कल्याणीबाई सैयद, प्रसिद्ध नर्स और बम्बई की पुरानी कांग्रेस कार्यकर्त्री; अनन्तर कम्युनिस्ट। दिसम्बर, '45 में दिवंगता।

होंट में सो गये शब्द,
भाव में खो गये स्वर,
एक पल हो गया कितने अब्द !

मौन है घर।

पूछती है माई
एक बात :
(स्वप्न में वह आयी
हँसी लिये
जागरण की रात)
कौन बात ?

[1945

कुछ मुक्तक

भाव थे जो शक्ति-साधन के लिए,
लुट गये किस आन्दोलन के लिए ?

यह सलामी दोस्तों को है, मगर
मुट्ठियाँ तनती हैं दुश्मन के लिए !

धूल में हमको मिला दो, किन्तु, आह,
चालते हैं धूल कन-कन के लिए।

तन ढँका जायेगा धागों से, परन्तु
लाज भी तो चाहिए तन के लिए।

नाज पकने पर खुले आकाश से
बिजलियाँ गिरती हैं निर्धन के लिए।

संकुचित है आज जीवन का हृदय,
व्यक्ति-मन रोता है जन-मन के लिए।

[1943

ग़ज़ल

वही उम्र का एक पल कोई लाए
तड़पती हुई-सी ग़ज़ल कोई लाए

हक़ीक़त[1] को लाए तख़ैयुल[2] से बाहर
मेरी मुश्किलों का जो हल कोई लाए

कहीं सर्द ख़ूँ में तड़पती है बिजली
ज़माने का रद्दो-बदल कोई लाए

उसी कम-निगाही[3] को फिर सौंपता हूँ
मेरी जान का क्या बदल कोई लाए

दुबारा हमें होश आए न आए
इशारों का मौक़ा-महल कोई लाए

नज़र तेरी दस्तूरे-फ़िरदौस[4] लायी
मेरी ज़िंदगी में अमल कोई लाए

1. यथार्थ 2. कल्पना 3. उपेक्षा 4. स्वर्गिक संविधान।

अम्न का राग

सच्चाइयाँ
जो गंगा के गोमुख से मोती की तरह बिखरती रहती हैं
हिमालय की बर्फ़ीली चोटी पर चाँदी के उन्मुक्त नाचते
        परों में झिलमिलाती रहती हैं
जो एक हज़ार रंगों के मोतियों का खिलखिलाता समंदर है
उमंगों से भरी फूलों की जवान कश्तियाँ
कि बसंत के नये प्रभात सागर में छोड़ दी गयी हैं।

ये पूरब-पच्छिम मेरी आत्मा के ताने-बाने हैं
मैंने एशिया की सतरंगी किरनों को अपनी दिशाओं के गिर्द
        लपेट लिया
और मैं योरप और अमरीका को नर्म आँच की धूप-छाँव पर
बहुत हौले-हौले नाच रहा हूँ
सब संस्कृतियाँ मेरे सरगम में विभोर हैं
क्योंकि मैं हृदय की सच्ची सुख-शांति का राग हूँ
बहुत आदिम, बहुत अभिनव।

हम एक साथ उषा के मधुर अधर बन उठे
सुलग उठे हैं
सब एक साथ ढाई अरब धड़कनों में बज उठे हैं
सिम्फ़ोनिक आनंद की तरह
यह हमारी गाती हुई एकता
संसार के पंचपरमेश्वर का मुकुट पहन
अमरता के सिंहासन पर आज हमारा अखिल लोक-प्रेसिडेंट
बन उठी है।

देखो न हक़ीक़त हमारे समय की कि जिसमें
होमर एक हिंदी कवि सरदार जाफ़री को
इशारे से अपने क़रीब बुला रहा है
कि जिसमें
फ़ैयाज़ खाँ बिटाफ़ेन के कान में कुछ कह रहा है
मैंने समझा कि संगीत की कोई अमर लता हिल उठी
मैं शेक्सपियर का ऊँचा माथा उज्जैन की घाटियों में
झलकता हुआ देख रहा हूँ
और कालिदास को वैमर के कुंजों में विहार करते
और आज तो मेरा टैगोर मेरा हाफ़िज़ मेरा तुलसी मेरा
ग़ालिब
एक-एक मेरे दिल के जगमग पावर-हाउस का
कुशल आपरेटर है।

आज सब तुम्हारे ही लिए शांति का युग चाहते हैं
मेरी कुटूबुटू
तुम्हारे ही लिए मेरे प्रतिभाशाली भाई तेजबहादुर
मेरे गुलाब की कलियों-से हँसते खेलते बच्चो
तुम्हारे ही लिए, तुम्हारे ही लिए
मेरे दोस्तो, जिनसे ज़िन्दगी में मानी पैदा होते हैं
और उस निश्छल प्रेम के लिए
जो माँ की मूर्ति है
और उस अमर परमशक्ति के लिए जो पिता का रूप है।

हर घर में सुख
शांति का युग
हर छोटा-बड़ा हर नया-पुराना हर आज-कल-परसों के
आगे और पीछे का युग

शांति की स्निग्ध कला में डूबा हुआ
क्योंकि इसी कला का नाम जीवन की भरी-पूरी गति है।

मुझे अमरीका का लिबर्टी स्टैचू उतना ही प्यारा है
जितना मास्को का लाल तारा
और मेरे दिल में पेकिंग का स्वर्गीय महल
मक्का-मदीना से कम पवित्र नहीं
मैं काशी में उन आर्यों का शंखनाद सुनता हूँ
जो वोल्गा से आये
मेरी देहली में प्रह्लाद की तपस्याएँ दोनों दुनियाओं की
चौखट पर
युद्ध के हिरण्यकशिप को चीर रही हैं।

यह कौन मेरी धरती की शांति की आत्मा पर क़ुरबान हो
गया है
अभी सत्य की खोज तो बाक़ी ही थी
यह एक विशाल अनुभव की चीनी दीवार
उठती ही बढ़ती आ रही है
उसकी ईंटें धड़कते हुए सुर्ख़ दिल हैं
ये सच्चाइयाँ बहुत गहरी नींवों में जाग रही हैं
वो इतिहास की अनुभूतियाँ हैं
मैंने सोवियत यूसुफ़ के सीने पर कान रखकर सुना है।

आज मैंने गोर्की को होरी के आँगन में देखा
और ताज के साये में राजर्षि कुंग को पाया
लिंकन के हाथ में हाथ दिये हुए
और ताल्स्ताय मेरे देहाती यूपियन होंठों से बोल उठा
और अरागों की आँखों में नया इतिहास

मेरे दिल की कहानी की सुर्ख़ी बन गया
मैं जोश की वह मस्ती हूँ जो नेरुदा की भवों से
जाम की तरह टकराती है
वह मेरा नेरुदा जो दुनिया के शांति पोस्ट आफ़िस का
प्यारा और सच्चा क़ासिद
वह मेरा जोश कि दुनिया का मस्त आशिक़
मैं पंत के कुमार छायावादी सावन-भादों की चोट हूँ
हिलोर लेते वर्ष पर
मैं निराला के राम का एक आँसू
जो तीसरे महायुद्ध के कठिन लौह पर्दों को
एटमी सूई-सा पार कर गया पाताल तक
और वहीं उसको रोक दिया
मैं सिर्फ़ एक महान विजय का इंदीवर जनता की आँख में
जो शांति की पवित्रतम आत्मा है।

पच्छिम में काले और सफ़ेद फूल हैं और पूरब में पोले
    और लाल
उत्तर में नीले कई रंग के और हमारे यहाँ चम्पई-साँवले
और दुनिया में हरियाली कहाँ नहीं
जहाँ भी आसमान बादलों से ज़रा भी पोंछे जाते हों
और आज गुलदस्तों में रंग-रंग के फूल सजे हुए हैं
और आसमान इन ख़ुशियों का आईना है।

आज न्यूयार्क के स्काईस्क्रेपरों पर
शांति के 'डवों' और उसके राजहंसों ने
एक मीठे उ़जले सुख का हलका-सा अँधेरा
    और शोर पैदा कर दिया है

और अब वो आर्जेन्टीना की सिम्त अतलांतिक को पार कर
रहे हैं
पाल राब्सन ने नयी दिल्ली से नये अमरीका की
एक विशाल सिम्फ़नी ब्राडकास्ट की है
और उदयशंकर ने दक्षिणी अफ्रीका में नयी अजंता को
स्टेज पर उतारा है
यह महान नृत्य वह महान स्वर कला और संगीत
मेरा है यानी हर अदना-से-अदना इन्सान का
बिलकुल अपना निजी।

युद्ध के नक्शों को क़ैंची से काटकर कोरियायी बच्चों ने
झिलमिली फूलपत्तों की रौशन फ़ानूसें बना ली हैं
और हथियारों का स्टील और लोहा हज़ारों
देशों को एक-दूसरे से मिलानेवाली रेलों के जाल में बिछ
गया है
और ये बच्चे उन पर दौड़ती हुई रेलों के डिब्बों की
खिड़कियों से
हमारी ओर झाँक रहे हैं
वह फ़ौलाद और लोहा खिलौनों मिठाइयों और किताबों
से लदे स्टीमरों के रूप में
नदियों की सार्थक सजावट बन गया है
या विशाल ट्रैक्टर-कम्बाइन और फ़ैक्टरी-मशीनों के हृदय में
नवीन छंद और लय का प्रयोग कर रहा है।

यह सुख का भविष्य शांति की आँखों में ही वर्तमान है
इन आँखों से हम सब अपनी उम्मीदों की आँखें सेंक
रहे हैं
ये आँखें हमारे दिल में रौशन और हमारी पूजा का
फल हैं

ये आँखें हमारे क़ानून का सही चमकता हुआ मतलब
और हमारे अधिकारों की ज्योति से भरी शक्ति हैं
ये आँखें हमारे माता-पिता की आत्मा और हमारे बच्चों
का दिल हैं
ये आँखें हमारे इतिहास की वाणी
और हमारी कला का सच्चा सपना हैं
ये आँखें हमारा अपना नूर और पवित्रता हैं
ये आँखें ही अमर सपनों की हक़ीक़त और
हक़ीक़त का अमर सपना हैं
इनको देख पाना ही अपने-आपको देख पाना है, समझ
पाना है।

हम मनाते हैं कि हमारे नेता इनको देख रहे हों।

[1952

बबी और नरेश को

कुछ शेर

[जो एक शादी के मौक़े के लिए कहे गये]

गुलशन से जो इतराती आँगन में बहार आयी,
ख़ुशजौक़[1] दुल्हन उसकी शोख़ी को सँवार आयी।

यह कौन निगार आया, फिर बाँगे-हज़ार आयी
कलियों पे निखार आया, फलों पे बहार आयी।

फिर शोरे-अनादिल है, फिर गुंचे परीशाँ हैं :
ए बादे-सबा, लेकर क्या नामए-यार आयी?

हर एक शगूफ़ा यह कहता हुआ खिलता है
"शायद कि बहार आयी! शायद कि बहार आयी!"

[1945

1. सुरुचिसम्पन्न

चाँद से थोड़ी-सी गप्पें

[एक दस-ग्यारह साल की लड़की]

गोल हैं ख़ूब मगर
आप तिरछे नज़र आते हैं ज़रा।
आप पहने हुए हैं कुल आकाश
तारों-जड़ा;
सिर्फ़ मुँह खोले हुए हैं अपना
गोरा चिट्टा
गोल मटोल,
अपनी पोशाक को फैलाए हुए चारों सिम्त।
आप कुछ तिरछे नज़र आते हैं जाने कैसे
—ख़ूब हैं गोकि !

वाह जी वाह !
हमको बुद्धू ही निरा समझा है !
हम समझते ही नहीं जैसे कि
आपको बीमारी है :
आप घटते हैं तो घटते ही चले जाते हैं,
और बढ़ते हैं तो बस यानी कि
बढ़ने ही चले जाते हैं—
दम नहीं लेते हैं जब तक बि ल कु ल ही
गोल न हो जायें,
बिलकुल गोल।
यह मरज़ आपका अच्छा ही नहीं होने में

आना है।
यह न होता तो, क़सम् से, हम सच्
कहते हैं—
आपसे शादी कर लेते—
फ़ौरन् !...

आप हँसते हैं, मगर
यों भी दिल खींच तो लेते ही हैं आप
(हाँ, जी) समुन्दर की तरह,
औ' मैं बेचैन-सी हो जाती हूँ
उसकी लहरों की तरह;
ज्वार-भाटा-सा अजब, जाने क्यों
उठने लगता है ख़यालों में मेरे
ख़ाहमख़ाह !

जाओ, हटो !
ऐसे इंसान को हम प्यार नहीं करते हैं
मुँह-दिखाई ही फ़क़त
जो मेरा सरवस माँगे,
और फिर हाथ न आये;
मुफ़्त कविताएँ सुने,
अपने दिल की न बताये ;
जब भी आये,
यूँ ही उलझाये !
ऐसे इंसान को हम आख़िर तक
प्यार नहीं करते हैं,
हाँ ! समझ गये ?

[1954

एक पत्राचार

[प्रभाकर माचवे : शमशेर]

पहला पत्र : एक पद्यबद्ध चक्कर
(कार्ड)

"बस के लिए राह देखते हुए :
नई दिल्ली : 17. 8. '53

"तुमने लिखा है पत्र मुझे ग़ज़लबन्द कर ?
मैं आज ही हुआ हूँ यहाँ से रिलीव, मगर
जाना है नागपुर को। पहुँच जाऊँगा उधर
छब्बीस तलक। और यूँ ही होते ट्रांसफ़र।
रेडियो की नौकरी ही है हवा पर सफ़र।
वहीं पत्र लिखो, मित्र। राम-राम Sir
प्रेम से भरा सलाम लो कि—
प्रभाकर।"

दूसरा पत्र : जवाब का वह 'ग़ज़लबन्द' चक्कर

जो चलता ही रहा और इस बीच हज़रत माचवे नागपुर से
दिल्ली वापस भी आ गये : चुनांचे—

[**पहला हिस्सा : प्रभाकर "नागपुरी" को :**]

दिल्ली वालों की हवा छोड़ के घर-भर अब तो
नागपुर आ ही गया होगा, प्रभाकर। अब तो
बँध गयी होगी हवा। होगे हवा पर अब तो !

दिल्ली बस-स्टैंड से ही कार्ड मिला था मुझको।

काश फिर लिखते—'वही है जो गिला था मुझको[1]।'
ताकि हम कहते कि 'है जुल्म सरासर अब तो !'

घर में हो चाहे सफ़र में, यही कहते होगे......
फ़ल्सफ़े में कि शेऽर में : यही कहते होगे—
'ज़िन्दगी है मेरी सरकार का दफ़्तर अब तो !'

वाँ ज़माने के सताये हुए दो और भी हैं।[2]
वही तेवर हैं जो थे, और वही तौर भी हैं।
मिल लिये होंगे मेरी याद दिलाकर अब तो।

[और फिर यह, प्रभाकर "दिल्लीवाल" को :]

जिसकी बरकत ही न थी अपने करम में अब तक
तुम भरमते तो रहे उसके भरम में अब तक !
—चैन लेने दे कहीं आर्ट का चक्कर अब तो !

कहा मेहता ने : 'य सरकार है नौकर जिसकी,
अब तमन्ना है तो उसकी ही फ़क़त सर्विस की !'
और यह कहके मेरा यार गया घर अब तो !

सच की सिल्ली है वही, और नयी है फिर भी :
नयी दिल्ली है वही, और नयी है फिर भी !
हैं कसौटी पे नये और प्रभाकर अब तो !

क्या थे पहले ही जो अब और भी कम हों शमशेर !
हो 'ग़ज़लबन्द' वो मज़मून जो हम हों, शमशेर;
वर्ना ख़ामोश पड़े रहना ही बेहतर अब तो !

एक धन्दा है य उलफ़त भी कई धन्दों में।
लिक्खा बन्दे ने जवाब, और कई बन्दों में।
पोस्ट गो करना न करना है बराबर अब तो !

---

1. एक प्रायवेट गिला 2. दो मस्त मौला दोस्त, जो सच्चे 'प्रयोगवादी' कवि भी हैं—मुक्तिबोध और नरेश महेता।

होली : रंग और दिशाएँ

[एक एब्सट्रैक्ट पेंटिंग]

जँगले जालियाँ,
स्तंभ
धूप के संगमर्मर के,
ठोस तम के।

कँटीले तार हैं
गुलाब बाड़ियाँ।

दूर से आती हुई
एक चौपड़ की सड़क
अंतस् में
खोयी जा रही।

धूप केसर आरसी
...बाँहें।

आँखें अनझिप
खुलीं
वक्ष में।

स्तन
पुलक बन
उठते और
मुंदते।

पीले चाँद
खिड़कियाँ
आत्मा की।

गुलाल :
धूल में
फैली
सुबहें।

मुख :
सूर्य के टुकड़े
सघन घन में खुले-से,
या ढके
मौन,
अथवा
प्रखर
किरणों से।

जल
आइना।
सड़कें
विविध वर्ण :
बहुत गहरी।

पाट चारों ओर
दर्पण—
समय के अगणित चरण को।
घूमता जाता हुआ-सा कहीं, चारों ओर
वह

दिशाओं का हमारा
अनन्त
दर्पण।

2

चौखटे
द्वार
खिड़कियाँ :
सघन
पर्दे
गगन के-से :
हमीं हैं वो
हिल रहे हैं
एक विस्मय से :
अलग
हर एक
अपने आप :
(हंस रहे हैं
चौखटे द्वार
खिड़कियाँ जँगले
हम आप ।)
केश
लहरते हैं दूर तक
हवा में :
थिरकती है रात :
हम खो गये हैं
अलग-अलग
हरेक।

3

कई धाराएँ
खड़ी हैं स्तंभवत्
गति में :
छुआ उनको,
गये।

कई दृश्य
मूर्त द्वापर
और सतयुग
झाँकते हैं हमें
मध्य युग से
खिलखिलाकर
माँगते हैं हमें :
हमने सर निकाला खिड़कियों से
और हम
गये।

सौन्दर्य
प्रकाश है।

पर्व
प्रकाश है
अपना।
हम मिल नहीं सकते :
मिले कि
खोये गये।

आँच हैं रंग :
तोड़ना उनका
बुझाना है
कहीं अपनी चेतना को।
लपट
फूल हैं,
कोमल
बर्फ़-से :
हृदय से उनको लगाना
सींझ देना है
वसन्त बयार को
साँस में :
वो हृदय हैं स्वयं।

× ×

एक ही ऋतु हम
जी सकेंगे,
एक ही सिल बर्फ़ की
धो सकेंगे
प्राण अपने।
(कौन कहता है ?)

यहीं सब कुछ है।
इसी ऋतु में
इसी युग में
इसी
हम
में।

[1958

धूप कोठरी के आइने में खड़ी

धूप कोठरी के आइने में खड़ी
हँस रही है

पारदर्शी धूप के पर्दे
मुसकराते
मौन आँगन में

मोम-सा पीला
बहुत कोमल नभ

एक मधुमक्खी हिलाकर फूल को
बहुत नन्हा फूल
उड़ गयी

आज बचपन का
उदास मा का मुख
याद आता है

[1959

घिर गया है समय का रथ

मौन सन्ध्या का दिये टीका
रात
काली
आ गयी :
सामने ऊपर, उठाये हाथ-सा
पथ बढ़ गया।

घेरने को दुर्ग की दीवार मानो—
अचल विन्ध्या पर
कुंडली खोली सिहरती चाँदनी ने
पंचमी की रात।
घूमना उत्तर दिशा को सघन पथ
संकेत में कुछ कह गया।

चमकते तारे लजाते हैं
प्रेरणा का दुर्ग।
पार पश्चिम के, क्षितिज के पार
अमित गंगाएँ बहाकर भी
प्राण का नभ धूल-धसित है।

भेद ऊषा ने दिये सब खोल
हृदय के कुल भाव,
रात्रि के, अनमोल।

दु:ख कढ़ता सजल, झलमल।
आँख मलता पूर्व-स्रोत।

पुनः
पुनः जगती जोत।

× ×

घिर गया है समय का रथ कहीं।
लालिमा से मढ़ गया है राग।
भावना की तुंग लहरें
पन्थ अपना, अन्त अपना जान
रोलती हैं मुक्ति के उद्‌गार।

[1946

लौट आ, ओ धार

लौट आ ओ धार

टूट मत ओ साँझ के पत्थर
हृदय पर

(मैं समय की एक लम्बी आह
मौन लम्बी आह)

लौटं आ, ओ फूल की पंखड़ी
फिर
फूल में लग जा

चूमता है धूल का फूल
कोई, हाय।

[1959

ग़ज़ल

फिर निगाहों ने तेरी दिल में कहीं चुटकी ली
फिर मेरे दर्द ने पैमान वफ़ा का बाँधा

और तो कुछ न किया इश्क़ में पड़कर दिल ने
एक इन्सान से इन्सान वफ़ा का बाँधा

एक फाहा भी मेरे ज़ख़्म पे रक्खा न गया
और सर पे मेरे एहसान दवा का बाँधा

इस तकल्लुफ़ की मोहब्बत थी कि उठते ही बनी
रंग यारों ने वो मेहमानसरा का बाँधा

मौसमे-अब्र में आता है मेरे नाम य हुक्म :
कि ख़बरदार जो तूफ़ान बला का बाँधा !

मुसकराते हुए वह आये मेरी आँखों में—
देखने क्या सरोसामान क़ज़ा का बाँधा

[1952

ग़ज़ल

'आये भी वो गये भी वो'—गीत है यह, गिला नहीं।
हमने य कब कहा भला, हमसे कोई मिला नहीं।

आपके एक ख़याल में मिलते रहे हम आपसे
ये भी है एक सिलसिला गो कोई सिलसिला नहीं।

गर्मे-सफ़र हैं आप, तो हम भी हैं भीड़ में कहीं।
अपना भी क़ाफ़िला है कुछ आप ही का क़ाफ़िला नहीं।

दर्द को पूछते थे वो, मेरी हँसी थमी नहीं,
दिल को टटोलते थे वो, मेरा जिगर हिला नहीं।

आयी वहार हुस्न का ख़्वाबे-गराँ लिये हुए :
मेरे चमन को क्या हुआ, जो कोई गुल खिला नहीं।

उसने किये वहुत जतन, हार के कह उठी नजर :
सीनए-चाक का रफ़ू हमसे कभी सिला नहीं :

इश्क़ का शायरा हूं ख़ाक, हुस्न का ज़िक्र है मज़ाक
दर्द में गर चमक नहीं, रूह में गर जिला नहीं।

कौन उठाये उसके नाज़, दिल तो उसी के पास है;
'शम्स' मज़े में हैं कि हम इश्क़ में मुब्तिला नहीं !

[1950

मौन
विडम्बना

—विसर्जन

न पलटना उधर

न पलटना उधर
कि जिधर ऊषा के जल में
सूर्य का स्तम्भ हिल रहा है
न उधर नहाना प्रिये !

जहाँ इन्द्र और विष्णु एक हो
अभूतपूर्व !—
यूनानी अपोलो के स्वरपंखी कोमल बरबत से
धरती का हिया कँपा रहे हैं
—और भी अभूतपूर्व !—
उधर कान न देना प्रिये
शंख-से अपने सुन्दर कान
जिनकी इन्द्रधनुषी लवें
अधिक दीप्त हैं।

उन सँकरे छन्दों को न अपनाना प्रिये
(अपने वक्ष के अधीर गुन-गुन में)
जो गुलाब की टहनियों-से टेढ़े-मेढ़े हैं
चाहे कितने ही कटे-छँटे लगें, हाँ।

उनमें वो ही बुलबुलें छिपी हुई बसी हुई हैं
जो कई जन्मों तक की नींद से उपराम कर देंगी
प्रिये !

एक ऐसा भी सागर-संगम है
देवापगे !
जिसके बीचोबीच तुम खड़ी हो
ऊर्ध्वस्व धारा
आदि सरस्वती का आदि भाव
उसी में समाओ प्रिये !

मैं वहाँ नहीं हूँ !

[1960

शाम और रात : तीन स्टैंजा

तकिये पे
  सुर्ख़ गुलाब मैंने
        समझे...
          दो
सेब मैंने समझे दो...
          क्यों ?
वो तो...वो तो
          दो दिल थे ।

×   ×

संग
    —शाम का रंग लपेटे
तुम थे

×   ×

—तकिये पे सिर्फ़ मेरा सिर था :
आँखों में
रात जल रही थी ।

[1951

सूना-सूना पथ है, उदास झरना

सूना-सूना पथ है, उदास झरना
एक धुँधली बादल-रेखा पर टिका हुआ
आसमान
जहाँ वह काली युवती
हँसी थी।

[1939

ज़िन्दगी का प्यार

स्नेह-लताओं पर चिथड़े हैं लटके
विगत प्रेमियों के !

...अजब सरूर
मृत्यु की बाँहों में; अजब ग़रूर
जीवन की झुकती आँखों में।
मुझसे दूर
उसका वक्षस्थल।

— ख़ून के आग़ोश में
वह हमकनार,
ज़िन्दगी का प्यार।

होश में सँभल कर
फिर गिरा
मर्माहत आदर्शों के स्थल पर
अस्थिर मैं, तम-घिरा।
आपने अच्छा किया
जो मुझे आने दिया
दर्द के तूफ़ान में
जान या अनजान में,
मामज़ेल साफ़िया ! ...
—ख़ून के आग़ोश में
हमकनार
ज़िन्दगी का प्यार।

[1942

हार-हार समझा मैं

हार-हार
समझा मैं तुमको
अपने पार।

हँसी बन
   खिली साँझ—
बुझने को ही।

एक हाय-हाय की रात
बीती न थी,
कि दिन हुआ।

हार-हार...

[1941]

टूटी हुई, बिखरी हुई

टूटी हुई बिखरी हुई चाय
की दली हुई पाँव के नीचे
पत्तियाँ
मेरी कविता
बाल, झड़े हुए, मैल से रूखे, गिरे हुए, गर्दन से फिर भी
चिपके
...कुछ ऐसी मेरी खाल,
मुझसे अलग-सी, मिट्टी में
मिली-सी

दोपहर बाद की धूप-छाँह में खड़ी इन्तज़ार की ठेलेगाड़ियाँ
जैसे मेरी पसलियाँ...
ख़ाली बोरे सूजों से रफ़ू किये जा रहे हैं...जो
मेरी आँखों का सूनापन हैं

ठंड भी एक मुसकराहट लिये हुए है
जो कि मेरी दोस्त है।

कबूतरों ने एक ग़ज़ल गुनगुनायी...
मैं समझ न सका, रदीफ़-क़ाफ़िये क्या थे,
इतना ख़फ़ीफ़, इतना हलका, इतना मीठा
उनका दर्द था।

आसमान में गंगा की रेत आईने की तरह हिल रही है।
मैं उसी में कीचड़ की तरह सो रहा हूँ
और चमक रहा हूँ कहीं...
न जाने कहाँ।

मेरी बाँसुरी है एक नाव की पतवार—
जिसके स्वर गीले हो गये हैं,
छप्-छप्-छप् मेरा हृदय कर रहा है...
छप् छप् छप्।

वह पैदा हुआ है जो मेरी मृत्यु को सँवारने वाला है।
वह दूकान मैंने खोली है जहाँ 'प्वाइज़न' का लेबुल लिये हुए
दवाइयाँ हँसती हैं—
उनके इंजेक्शन की चिकोटियों में बड़ा प्रेम है।

वह मुझ पर हँस रही है, जो मेरे होठों पर एक तलुए
के बल खड़ी है
मगर उसके बाल मेरी पीठ के नीचे दबे हुए हैं
और मेरी पीठ को समय के बारीक तारों की तरह
खुरच रहे हैं
उसके एक चुम्बन की स्पष्ट परछायीं मुहर बनकर उसके
तलुओं के ठप्पे से मेरे मुँह को कुचल चुकी है
उसका सीना मुझको पीसकर बराबर कर चुका है।

मुझको प्यास के पहाड़ों पर लिटा दो जहाँ मैं
एक झरने की तरह तड़प रहा हूँ।
मुझको सूरज की किरनों में जलने दो—
ताकि उसकी आँच और लपट में तुम
फ़ौवारे की तरह नाचो।

मुझको जंगली फूलों की तरह ओस से टपकने दो,
ताकि उसकी दबी हुई ख़ुशबू से अपने पलकों की
उनींदी जलन को तुम भिगो सको, मुमकिन है तो।
हाँ, तुम मुझसे बोलो, जैसे मेरे दरवाज़े की शर्माती चूलें
सवाल करती हैं बार-बार...मेरे दिल के
अनगिनती कमरों से।

हाँ, तुम मुझसे प्रेम करो जैसे मछलियाँ लहरों से करती हैं
...जिनमें वह फँसने नहीं आतीं,
जैसे हवाएँ मेरे सीने से करती हैं
जिसको वह गहराई तक दबा नहीं पातीं,
तुम मुझसे प्रेम करो जैसे मैं तुमसे करता हूँ।

आईनो, रोशनाई में धुल जाओ और आसमान में
मुझे लिखो और मुझे पढ़ो।
आईनो, मुसकराओ और मुझे मार डालो।
आईनो, मैं तुम्हारी ज़िन्दगी हूँ।

एक फूल ऊषा की खिलखिलाहट पहनकर
रात का गड़ता हुआ काला कम्बल उतारता हुआ
मुझसे लिपट गया।

उसमें काँटे नहीं थे—सिर्फ़ एक बहुत
काली, बहुत लम्बी ज़ुल्फ़ थी जो ज़मीन तक
साया किये हुए थी...जहाँ मेरे पाँव
खो गये थे।

वह गुल मोतियों को चबाता हुआ सितारों को
अपनी कनखियों में घुलाता हुआ, मुझ पर
एक ज़िन्दा इत्रपाश बनकर बरस पड़ा—

और तब मैंने देखा कि मैं सिर्फ़ एक साँस हूँ जो उसकी
बूँदों में बस गयी है।
जो तुम्हारे सीनों में फाँस की तरह ख़ाब में
अटकती होगी, बुरी तरह खटकती होगी।

मैं उसके पाँवों पर कोई सिजदा न बन सका,
क्योंकि मेरे झुकते न झुकते
उसके पाँवों की दिशा मेरी आँखों को लेकर
खो गयी थी।

जब तुम मुझे मिले, एक खुला फटा हुआ लिफ़ाफ़ा
तुम्हारे हाथ आया।
बहुत उसे उलटा-पलटा—उसमें कुछ न था—
तुमने उसे फेंक दिया : तभी जाकर मैं नीचे
पड़ा हुआ तुम्हें 'मैं' लगा। तुम उसे
उठाने के लिए झुके भी, पर फिर कुछ सोचकर
मुझे वहीं छोड़ दिया। मैं तुमसे
यों ही मिल लिया था।

मेरी याददाश्त को तुमने गुनाहगार बनाया—और उसका
सूद बहुत बढ़ाकर मुझसे वसूल किया। और तब
मैंने कहा—अगले जनम में। मैं इस
तरह मुसकराया जैसे शाम के पानी में
डूबते पहाड़ ग़मगीन मुसकराते हैं।

मेरी कविता की तुमने ख़ूब दाद दी—मैंने समझा
तुम अपनी ही बातें सुना रहे हो। तुमने मेरी
कविता की ख़ूब दाद दी।

तुमने मुझे जिस रंग में लपेटा, मैं लिपटता गया :
और जब लपेट न खुले—तुमने मुझे जला दिया।
मुझे, जलते हुए को भी तुम देखते रहे : और वह
मुझे अच्छा लगता रहा।

एक ख़ुशबू जो मेरी पलकों में इशारों की तरह
बस गयी है, जैसे तुम्हारे नाम की नन्हीं-सी
स्पेलिंग हो, छोटी-सी प्यारी-सी, तिरछी स्पेलिंग।

आह, तुम्हारे दाँतों से जो दूब के तिनके की नोक
उस पिकनिक में चिपकी रह गयी थी,
आज तक मेरी नींद में गड़ती है।

अगर मुझे किसी से ईर्ष्या होती तो मैं
दूसरा जन्म बार-बार हर घंटे लेता जाता :
पर मैं तो जैसे इसी शरीर से अमर हूँ—
तुम्हारी बरकत !

बहुत-से तीर बहुत-सी नावें, बहुत-से पर इधर
उड़ते हुए आये, घूमते हुए गुज़र गये
मुझको लिये, सबके सब। तुमने समझा
कि उनमें तुम थे। नहीं, नहीं, नहीं।
उनमें कोई न था। सिर्फ़ बीती हुई
अनहोनी और होनी की उदास
रंगीनियाँ थीं। फ़क़त।

[1954

बँधा होता भी

बँधा होता भी
मौन यदि
उस व्यथा के रूप से कोमल

जो कि तुम हो

समय पा लेता
उसे तब भी।

[1941

गीत

धरो शिर
हृदय पर
वक्ष - वह्नि से, — तुम्हें
मैं सुहाग दूं—
चिर सुहाग दूं !
प्रेम - अग्नि से — तुम्हें
मैं सुहाग दूं !
विकल मुकुल तुम
प्राणमयि,
यौवनमयि,
चिरवसन्त - स्वप्नमयि,
मैं सुहाग दूं :
विरह - आग से, — तुम्हें
मैं सुहाग दूं !

[1941]

एक मुद्रा से
(गीत)

— सुंदर !
उठाओ
निज वक्ष
और —- कस — उभर !

क्यारी
भरी गेंदा की
स्वर्णारक्त
क्यारी भरी गेंदा की :
तन पर
खिली सारी—
अति सुन्दर ! उठाओ० ।

स्वप्न-जड़ित-मुद्रामयि
शिथिल करुण !
हरो मोह-ताप, समुद
स्मर-उर वर :
हरो मोह-ताप—
और और कस उभर !
सुन्दर ! उठाओ० !

अंकित कर विकल हृदय-पंकज के अंकुर पर
चरण-चिह्न,
अंकित कर अंतर आरक्त स्नेह से नव, कर पुष्ट, बढ़ूँ
सत्वर, चिरयौवन वर, सुन्दर !—

उठाओ निज वक्ष : और और कस, उभर !

[1941

सावन

मैली, हाथ की धुली खादी-
सा है
आसमान।
जो बादल का पर्दा है वह मटियाला धुँधला-धुँधला
एक-सार फैला है लगभग :
कहीं-कहीं तो जैसे हलका नील दिया हो।
उसकी हलकी-हलकी नीली झाँइयाँ
मिटती बनती बहती चलती हैं। उस
धूमिल अँगनारे के पीछे, वह
मौन गुलाबी झलक
एकाएक उभरकर ठहरी, फिर मद्धिम होकर मिट गयी :
जैसे घोल गया हो कोई गँदले जल में
अपने हलकी-मेंहदीवाले हाथ।

मैली मटियाली मिट्टी की चाक
भीगी है पूरब में
---सारे आसमान में।
नीली छाया उसकी चमक रही है
जैसे गीली रेत
(यह जोलाई की पन्द्रह तारीख़ है :
बादल का है राज)
—या जैसे, उस फ़ाख्ता के बाज़ू के अन्दर का रोआँ
कोमल उजला नीला
(कितना स्वच्छ !)

जिसको उस शाम
हमने मारा था !

×

ये नीले होंट
जो शाम का पूरब हैं आज
क्या कहते हैं ?
सावन की पलकें क्यों
भारी होती जाती हैं ? यह मौन
टंकाऽर
जो क्षितिज-भौंह में कँपती-सी है
दहला दहला देती मेरा हृदय।
वह
मोतियों की लूट...कहाँ गयी वह हँसी ?
जहाँ ज़मीन और आसमान मिल रहे हैं
वह भौंह
काँप रही है।

सावन आया है :
ख़ूब समझता हूँ मैं
सावन की ये पलकें
मूँद रही हैं मुझको।

×
×

देखो, रात
बिछलन से भरी हुई है
(तारे जुगनू होने चले गये हैं :
चाँद, चाँद-सा दिल में है, बस :

दिल, कि बहकती हुई रात है...)
यह रात फिसलन से भरी हुई है।

हाँ,
शर्माओ न मानी में !
तुम लफ़्ज़ नहीं हो; न
कठिन अर्थ हो कोई !
तुम छन्द की लय भी हो अगर,
पर्दा हो (मान लिया !)
तुम
गीत खुले हुए हो, वही
जो मैंने
कल रात को गलियों में
गाया था (...काली उन
कीचड़ से भरी हुई, तनहा
गलियों में !)
शर्माओ न धड़कन की तरह
दिल में ! तुम तो
धड़कन का इ ला ज हो !
तुम तो हो महज़ अता-पता मेरा !
अरे
वह नाम कहाँ हो
जो बूझ लिये जाओ ! शर्माओ मत।

ओ शौक़ के परवानो
ज़रा ठहरो :
यह शमा नहीं है।
यह दाग़ हैं सिर्फ़ :

यादों की शाम है
मेरे चिलमन में···
            ज़रा ठहरो।

सावन है कि फ़ानूस
इक बूँद लहू का ? ओ
शौक़ के परवानो,
यहाँ आग नहीं है, तरी है।
ज़रा ठहरो।

सावन की घटा है
हिलता हुआ फ़ानूस आकाश।
तुम कहाँ हो ? ये घटा...
            नाच रही है !

यह आसमान
            चूम रहा है मेरी चौखट।
मैं चाँद और सूरज को निकालूँ
आल्मारी में रखे हुए एलबम से।
            —तुम आओ न !
तुम कहाँ हो ? य घटा...!

परवानो,
तुम पर यहीं रख जाओ
औ रेंग जाओ
ताकि सनद रहे और्
वक़्त पे काम...

ये घटा...नाच रही है।
तुम कहाँ हो ?
मैं ख़ुद तो नहीं
य खामोश
सुलगता हुआ पहरा—
                    य फ़ानूस ?
तुम कहाँ हो ?...यह घटा नाच रही है।

तुम एक सवाल हो
मा मू ली - सा आज :
            यह सावन
            क्यों आया है ?
            यह सावन क्यों आया है ?
तुम एक सवाल की हद हो,
तुम एक सवाल की हद हो
मेरे लिए,
मेरे लिए—
            यह सावन
            क्यों छाया ?
            —-यह सावन
            मेरी उमीदों की साँझ पर
            आज क्यों छाया ?
        यह एक सँदेस
        झलका जो—
        कहाँ से ?
तुम वह हो।
        आज मेरे लिए तुम
        उसकी हद हो।

उस बात की हद हो
जो मेरे लिए हो—तुम
वह मेरी
हद हो
तुम,
तुम.   मेरे लिए
मेरी हद हो   मेरी हद हो
तुम
मेरे
लिए......

[1948

उत्तर

बहुत अधिक, बहुत अधिक तुम्हें याद करता मैं रहा;
यह भी था कारण जो पत्र मैं लिख नहीं सका;
लिख नहीं सका, बस।
भावों का भार उन शब्दों से उठ नहीं सका,
लिखे-पढ़े जाते जो पत्रों में।
अन्य रूप शब्दों को देने का कौन अधिकार
आपके मेरे सम्बन्ध ने कभी मुझे दिया ?
अतः विवश रहा, विवश रहा।
पढ़ लेते आप ? यदि लिखता मैं
बार-बार बार-बार केवल वह एक नाम,
एक नाम, एक नाम...
आह !

[1941

ग़ज़ल

यहाँ कुछ रहा हो तो हम मुँह दिखाएँ
उन्होंने बुलाया है क्या ले के जाएँ

कुछ आपस में जैसे बदल-सी गयी हों
हमारी दुआएँ तुम्हारी बलाएँ

तुम एक ख़ाब थे जिसमें ख़ुद खो गये हम
तुम्हें याद आएँ तो क्या याद आएँ

वो एक बात जो ज़िंदगी बन गयी है
जो तुम भूल जाओ तो हम भूल जाएँ

वो ख़ामोशियाँ जिनमें तुम हो न हम हैं
मगर हैं हमारी तुम्हारी सदाएँ

बहुत नाम हैं एक 'शमशेर' भी है
किसे पूछते हो, किसे हम बताएँ

[1945

रुबाई

हम अपने ख़याल को सनम समझे थे,
अपने को ख़याल से भी कम समझे थे!
होना था—समझना न था कुछ भी, शमशेर,
होना भी कहाँ था वह जो हम समझे थे!

[1945

कवि-श्री सच्चिदानन्द वात्स्यायन को

ये लहरें घेर लेती हैं

ये लहरें घेर लेती हैं
ये लहरें...

उभर कर अर्द्ध द्वितीया
  टूट जाता है...

अन्तरिक्ष में
  ठहरा एक

  दीर्घ रहेगा समतल —मौन

दूर...उत्तर पूर्व तक

  तीन
   ब्रह्मांड
    टूटे हुए मिले चले गये हैं

अगिन व्यथा भर सहसा
 कौन भाव
बिखर गया इन सब पर ?

[1943

मूँद लो आँखें

मूंद लो आँखें
        शाम के मानिन्द।
ज़िंदगी की चार तरफ़ें
        मिट गयी हैं।
बंद कर दो साज़ के पर्दे।
        चाँद क्यों निकला, उभरकर...?
घरों में चूल्हे
    पड़े हैं ठंडे।
        क्यों उठा यह शोर?
        किस लिए यह शर?

छोड़ दो सम्पूर्ण—प्रेम,
त्याग दो सब दया—सब घृणा।
ख़त्म हमदर्दी।
ख़त्म—
साथियों का साथ।

रात आयेगी
मूंदने सबको।

[1945

एक मौन

पपड़ीले पत्थर की पोठ पर
साँप केंचुली उतारता रहा :
लहर जहाँ काँस में, सिवार में
पेट उचकाती-सी
अंडों के छिलके उतारती-सी
हिलती ही रही लगातार—
नशे का ख़ुमार लिये हुए वहाँ हवा में
चिनक-चिनककर मीठा दर्द-सा
होता ही रहा। और
एक मौन, सन्ध्या के सपनों में
सोता ही रहा वहाँ
कवि-सा।

[1943

सींग और नाख़ून

सींग और नाख़ून
लोहे के बक्तर कन्धों पर।

सीने में सूराख़ हड्डी का।
        आँखों में : घास-काई की नमी।

एक मुर्दा हाथ
        पाँव पर टिका
                उलटी क़लम थामे।

तीन तसलों में कमर का घाव सड़ चुका है।

जड़ों का भी कड़ा जाल
                हो चुका पत्थर।

[1942

शिला का ख़ून पीती थी

शिला का ख़ून पीती थी
वह ज़ड़
जो कि पत्थर थी स्वयं।

सीढ़ियाँ थीं बादलों की झूलतीं,
टहनियों-सी।

और वह पक्का चबूतरा,
ढाल में चिकना :
सुतल था
आत्मा के कल्पतरु का ?

[1942

बोध

जब उस कवि के
रुँधे स्वरों से
जिज्ञासा-उर खुले, खुँदे—
रक्तिम तम के
        गहन देश में
भव के पलक
मुँदे।

[1940

'यामा' कवि से

छू नहीं सकती
साँस जिसे
वर्ण गीत जिसे
किंतु मर्म ।

नींद का संगीत
गाकर
विसुध खग ।

जुगनुओं के सूर्य
अनगिन सूक्ष्म
तुहिनकण की स्तब्ध रजनी में ।

विशाल आह्वान
बहा आता लिये
एक गौरव-गान ।

हृदय पर मधुमास के
टुकड़े
फूल के, बिखरे ।

कुछ नहीं लाया
प्रेम,
अश्रु अश्रु अश्रु
पुनः
पुनः ।

कब लजी मैं
किंतु आज
ओ प्रतीक्षे !

[1943

भुवनेश्वर

1

न जाने कहाँ किस लोक में आज, जाने किस
सदाव्रत का हिसाब बैठे तुम लिख रहे होगे (अपनी
भवों में ?)—जहाँ पता नहीं प्राप्त भी होगा
तुम्हें कोरी चाय या एक हरी पुड़िया का बल
भी ?...हिसाब; मसलन् : ताड़ी कितने
की ?—कितने की देसी ?—और रम ?...
कितनी अधिक-से-अधिक, कितनी कम-से-
कम ? कितनी असली, कितनी...।

(इंसान रोटी पर ही ज़िन्दा नहीं : इस
सच्चाई को और किसने अपनी कड़ुई मुसकराहट-
भरी भूख के अन्दर महसूस किया होगा
एक तपते पत्थर की तरह, भुवनेश्वर,
जितना कि तुमने !)

2

फिर फ्रेम से उतरकर सांइडार-अंगों की
अपनी अजीब-सी खनक और चमक लिये
गोरी गुलाबी धूप
एक शोख़ आँख मारती-सी गिरती है
मौन एकान्त...किसी सूने कारिडार में या ईंटों
के ढेर पर या टपकती शराब के पसीने-सी
आसमानी छत के नीचे,

कहीं भी, जहाँ तुम बुझी-बुझी-सी अपनी ग़ज़ल-
भरी आँखों में
अनोखे पद एज़रा पाउंड के
या इलियट के भाव-वक्तव्य
पाल क्ली के-से सरल घरौंदों के डुडूल्स में
सँजोकर
दियासलाइयों और बिजली के तार से सजाकर,
अख़बार के नुचे हुए
काग़ज़ों से छाकर, तोड़ देते होगे,
सहज, नये मुक्त-छन्दों की तरह, और
हँस पड़ते होगे निःसारता पर इस कुल
आधुनिकता की।

3

'भूले हैं बात करके कोई'...
'भूले हैं बात करके कोई
राज़दाँ से हम !'...
'अल्लह री नातवानी' कि हम ...हम—
'दीवार तक न पहुँचे।'
'रऽम—रामा—हो रामा—अँखियाँ
मिलके बिछुड़ गयीं...
अँखियाँ...!'

4

ओ बदनसीब शायर, एकांकीकार, प्रथम
वाइल्डियन हिन्दी विट्, नव्वाब
फ़कीरों में, गिरहकट, अपनी बोसीदा

ज़ंजीरों में लिपटे, आज़ाद,
भ्रष्ट अघोरी साधक !
जली हुई बीड़ी की नीलिमा-से रूखे होंट ये
चूमे हुए

किसी रूथ के हैं—
किसी एक काफ़िर शाम में
किसी ऽ
क्रास के नीचे...
वो दिन वो दिन
अजब एक लवली
आवारा यूथ के हैं जो
धुँधली छतों में, छितरे बादलों में कहीं
बिखर गये हैं, वो
ख़ानाख़राब शबाब के
शोख़ गुनाहों-भरे बदमाश
ख़ूबसूरत दिन ! वो
एक ख़ूबसूरत-सी गाली
थूककर चले गये हैं वहीं कहीं...

हाँ, तपती लहरों में छोड़ गये हैं वो
संगम, गोमती, दशाश्वमेध के कुछ
सैलानियों बीच
न जाने क्या,
एक टूटी हुई नाव की तरह,
जो डूबती भी नहीं, जो सामने ही हो जैसे
और कहीं भी नहीं !

[1958

गीत

निंदिया सतावे मोहे सँझही से सजनो।
सँझही से सजनी ॥1॥
प्रेम-बतकही
तंनक हू न भावे
सँझही से सजनी ॥2॥
निंदिया सतावे मोहे०।
छलिया रैन
कजर ढरकावे
सँझही से सजनी ॥3॥
निंदिया सतावे मोहें ०।
दुअि नैना मोहे
झुलना झुलावें
सँझही से सजनी ॥4॥
निंदिया सतावे मोहें०।

[1955

फाल्गुन शुक्ला सप्तमी की शाम, ’55

[गंगा पर, फाफामऊ के पास]

रेती पार
स्निग्ध अचल धारा में धीरे-धीरे
डूब रहा था...
सूर्य

पीछे छूट रही थीं
गाती हुई टिटिहरियाँ
और सघन करती-सी
रुकी हवा का धुँधला नीला मौन।

दूर से निकट आता धीरे-धीरे
भारी छायाओं की महराबों का
गंगा का लम्बा पुल
सहसा
ऊपर व्योम में सहज
डूबा हुआ खड़ा था !

मौन हमारी नाव मानो
स्वयं दीया-बाती का समय
या कि
जन्मदिवस हो जैसे मन के कवि का
दूर लिये जाती हो जिसको सन्ध्या
अपने प्रिय रजनी के पूनम द्वीप।

रुबाई

था वहती सदफ़ में वन्द यकता गौहर :
ऐसे आलम में किसको तकता गौहर !
        दिल अपना जो देख सकता ठहरा है कहाँ—
दरिया का सुकून देख सकता गौहर !

प्यारे दोस्त नईम ख़ाँ को

ग़ज़ल

मैं आपसे कहने को ही था, फिर आया ख़याल एकायक
कुछ बातें समझना दिल की, होती हैं मोहाल एकायक

साहिल पे वो लहरों का शोर, लहरों में वो कुछ दूर की गूंज :
कल आपके पहलू में जो था, होता है निढाल एकायक

जब बादलों में घुल गयी थी कुछ चाँदनी-सी शाम के बाद
क्यों आया मुझे याद अपना वो माहे-जमाल एकायक

सीनों में क़यामत की हूक, आँखों में क़यामत की शाम :
दो हिज्र की उम्रें हो गयीं दो पल का विसाल एकायक

दिल यों ही सुलगता है मेरा, फुंकता है यूँही मेरा जिगर
तलछट की अभी रहने दे, सब आग न ढाल एकायक

जब मौत की राहों में दिल ज़ोरों से धड़कने लगता
धड़कन को सुलाने लगती उस शोख़ की चाल एकायक

हाँ, मेरे ही दिल की उम्मीद तू है, मगर ऐसी उम्मीद,
फल जाय तो सारा संसार हो जाय निहाल एकायक

एक् उम्र की सरगरदानी लाये वो घड़ी भी 'शमशेर'
बन जाये जवाब आपसे आप आँखों का सवाल एकायक

[1955

ग़ज़ल

कहो तो क्या न कहें, पर कहो तो क्योंकर हो,
जो बात-बात में आ जायँ वो, तो क्योंकर हो !

हमारी बात हमीं से सुनो तो कैसा हो,
मगर ये जाके उन्हीं से कहो तो क्योंकर हो !

ये बेदिली ही न हो संगे-आस्तानए-यार,
वगरना इश्क़ की मंज़िल ये हो तो क्योंकर हो !

क़रीबे-हुस्न जो पहुँचा तो ग़म कहाँ पहुँचा—
हमीं को होश नहीं, आपको तो क्योंकर हो !

ख़याल हो कि मेरे दिल का वहम हो, आख़िर
तुम्हीं जो एक न अपने बनो, तो क्योंकर हो !

ज़माना तुम हो—जहाँ तुम हो—ज़िंदगी तुम हो
जो अपनी बात पे क़ायम रहो, तो क्योंकर हो !

हमारा बस है कोई, आह की, हुए ख़ामोश,
मगर जो ये भी सहारा न हो तो क्योंकर हो !

हरेक तरह वही आरज़ू बनें मेरी
ये ज़िंदगी का बहाना न हो, तो क्योंकर हो !

य सब सही है मगर ऐ मेरे दिले-नाशाद
कोई भी ग़म के सिवा दोस्त हो तो क्योंकर हो!

ये साँस में जो उसी नाम की अटक-सी है,
वो ज़िंदगी से फ़रामोश हो तो क्योंकर हो!

जो आरज़ू में नहीं, अब वो साँस में कुछ है,
वो, आह, दिल से फ़रामोश हो तो क्योंकर हो!

हज़ार हम उसे चाहें कि अब न चाहें और,
जो साँस-साँस में रम जाय वो, तो क्योंकर हो!

[1939

ग़ज़ल

जहाँ में अब तो जितने रोज़
अपना जीना होना है,
तुम्हारी चोटें होनी हैं—
हमारा सीना होना है।

वो जल्वे लोटते फिरते हैं
ख़ाको - ख़ूने - इंसाँ में :
'तुम्हारा तूर पर जाना
मगर नाबीना होना है!'[1]

क़दमरंजा है सूए-बाम
एक शोख़ी क़यामत की :
मेरे ख़ूने-हिना-परवर से
रंगीं ज़ीना होना है!

वो कल आएँगे वादे पर
मगर कल देखिए कब हो!
ग़लत फिर, हज़रते - दिल
आपका तख़्मीना होना है।

बस ऐ शमशेर, चल कर,
अब कहीं उज़लतगज़ीं हो जा—
कि हर शीशे को महफ़िल में
गदाए - मीना होना है।

---

1. यह मिसरा लेखक के मामा स्व० बाबू लक्ष्मीचन्द जी का फ़र्माया हुआ है।—श०

कुछ शेर

ख़याल भी है मेरा जिस्म, गो नहीं वह मैं
य ज़िंदगी की है इक क़िस्म : गो नहीं वह मैं
जो होने-होने को हो, वो मैं हूँ—यक़ीन करो,
ख़ुदा भी है मेरा ही इस्म—गो नहीं वह मैं

× × ×

ख़ामोशिए-दुआ हूँ, मुझे कुछ खबर नहीं
जाती हैं क्या सदाएँ तेरे आस्ताँ के पार
सात् आसमान झुकके उठाते हैं किसके नाज़
किसकी झलक-सी है चमने-कहकशाँ के पार
इतना उदास आपका दिल किस लिए हुआ
हर दर्द की दवा है ज़मानो-मकाँ के पार

× × ×

इश्क़ की इन्तहा तो होती है
दर्द की इन्तहा नहीं होती

× × ×

बन्दगी इक् मुक़ाम था, औ वो मुक़ाम हो चुका
इश्क़ भी नाम था तेरा, औ तेरा नाम हो चुका
आपकी दास्तान थी गोया किसी की ज़िन्दगी
आपके आने-आने तक क़िस्सा तमाम हो चुका
एक ख़याले-ख़ाम हूँ, दिल से मुझे भुलाइये
आपको आ चुका हूँ याद, इश्क़ तमाम हो चुका

× × ×

तू मेरे एकान्त का एकान्त है
मैं समझता था कि मेरा तू नहीं

× × ×

कोई तो साथ-साथ मेरी बेख़ुदी में था
मैं कैसे अपने होश में आया, जवाब दो
उम्मीदे-वस्ल हो, कि बहाना हयात का
तुम मेरे दिल में हो, मेरे दिल का जवाब दो!

× × ×

कभी राह में योंहि मिल लेने वाले
बड़े आए हैं मेरा दिल लेने वाले

× × ×

चुपके-चुपके उनसे मेरी चुग़लियाँ खाता रहा
आइने को पहले कितना बेज़बाँ समझा था मैं

× × ×

कितने बादल आये, बरसे औ गये
जिनके नीचे मैं पड़ा सुलगा किया !
छुपके बैठे मेरे दिल की चोट में
आपने अच्छा किया, पर्दा किया
रुक गये हैं क्यों ज़मीनो-आसमाँ
कुछ कनखियों से इशारा-सा किया

× × ×

वफ़ा ख़ता थी; ख़ता मैंने ज़िन्दगी-भर की।
अब इसके आगे जो मर्ज़ी हो बन्दापरवर की!

× × ×

इक् क़लम है और सौ मज़मून हैं;
एक क़तरा ख़ूने-दिल तूफ़ान है।

× × ×

तुमसे बातें रात-भर करता रहा;
यह न समझा दिल, कोई मेहमान है !

× × ×

हो चुकी जब ख़त्म अपनी ज़िन्दगी की दोस्ताँ
उनकी फ़र्माइश हुई है, इसको दोबारा कहें

× × ×

अपनी मिट्टी को छिपाएँ आसमानों में कहाँ
उस गली में भी न जब अपना ठिकाना हो सका !

× × ×

वो एक शै कि जिसे दर्दे-दिल कहा जाए
ग़रीब ले के उसी को कहाँ समा जाए !

× × ×

इल्मो-हिकमत, दीनों-ईमाँ, मुल्को-दौलत, हुस्नो-इश्क़ :
आपको बाज़ार से जो कहिए ला देता हूँ मैं !

× × ×

अफ़साना वो क्या था— मैं भूल गया हूँ।
कहते हैं, कि तू है : सुनता है मेरा दिल।

× × ×

मैं यहाँ तक भूल जाया जा सकूँ
एक आँसू में गिराया जा सकूँ
तुम न ऐसी ख़ाब-सी बातें करो
मैं भला तुमसे निभाया जा सकूँ

× × ×

आप ही कल मेरा सहारा थे
आपको आज और क्या मालूम
आज तू उसके दर पे आ पहुँचा
आज तू अपने दिल का पत्थर चूम

× × ×

मैं कई बार मिट चुका हूँगा
वर्ना इस ज़िन्दगी की इतनी धूम

× × ×

जी को लगती है तेरी बात खरी है शायद
वही शमशेर मुज़फ़्फ़रनगरी है शायद
आज फिर काम से लौटा हूँ बड़ी रात गये
ताक़ पर ही मेरे हिस्से की धरी है शायद
मेरी बातें भी तुझे ख़्वाबे-जवानी-सी हैं
तेरी आँखों में अभी नींद भरी है शायद